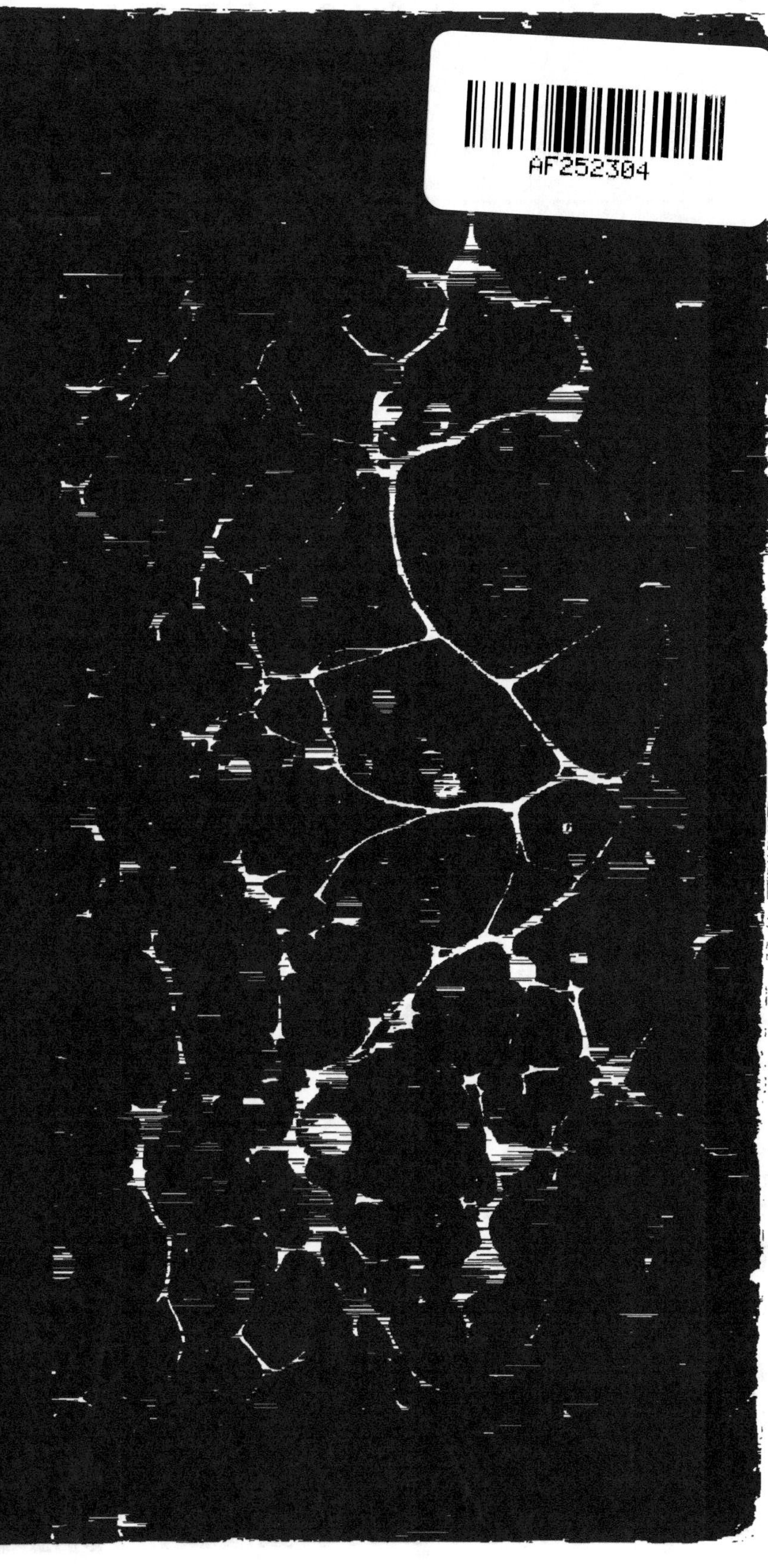
AF252304

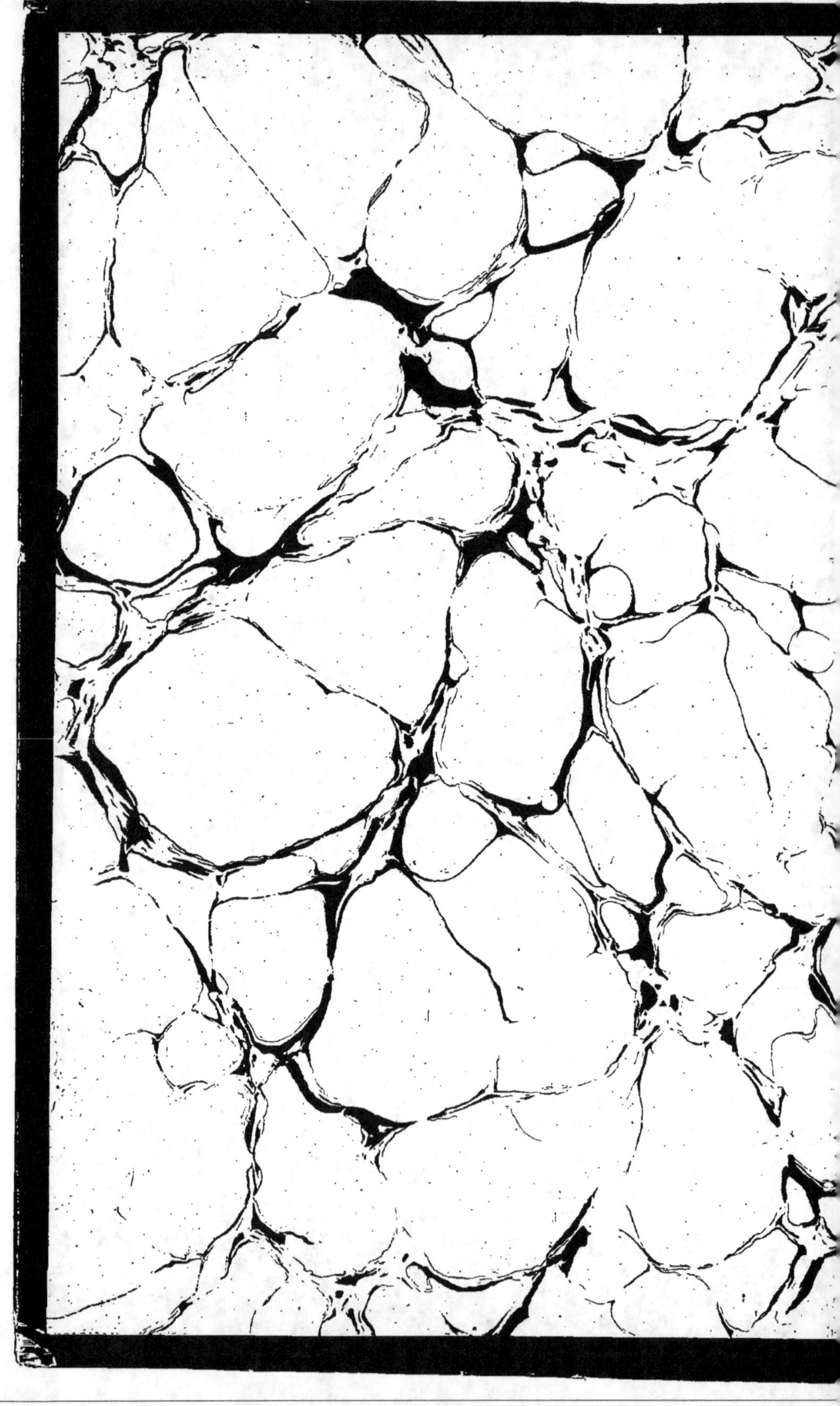

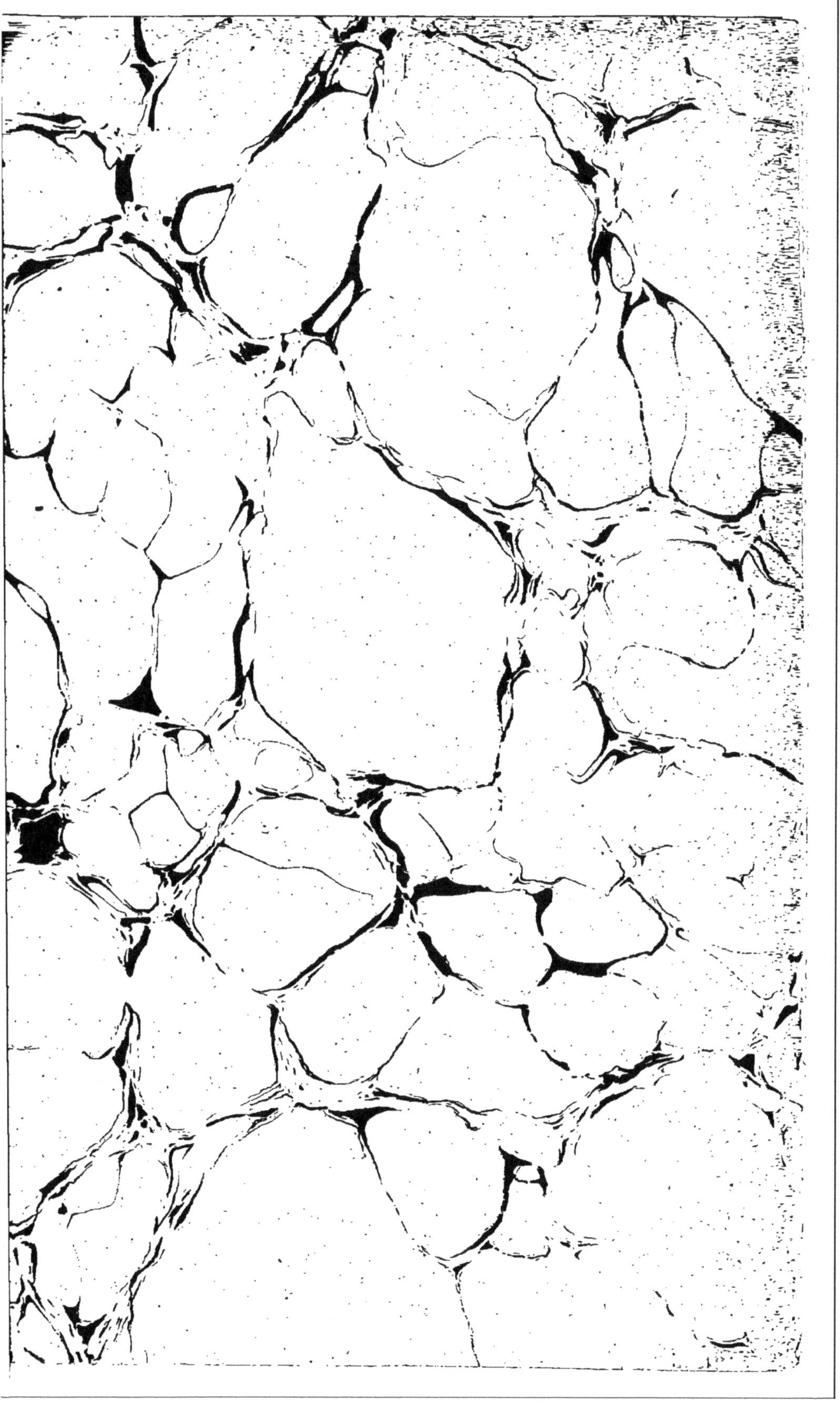

NOUVELLE COLLECTION DOCUMENTAIRE

Paris sous Louis XV

RAPPORTS DES INSPECTEURS DE POLICE AU ROI

Deuxième Série

PUBLIÉS ET ANNOTÉS PAR

CAMILLE PITON

PARIS

SOCIÉTÉ DV MERCVRE DE FRANCE

XXVI, RVE DE CONDÉ, XXVI

—

MCMVIII

PARIS SOUS LOUIS XV

Deuxième Série

NOUVELLE COLLECTION DOCUMENTAIRE

Paris sous Louis XV

RAPPORTS DES INSPECTEURS DE POLICE AU ROI

Deuxième Série

PUBLIÉS ET ANNOTÉS PAR

CAMILLE PITON

PARIS

SOCIÉTÉ DV MERCVRE DE FRANCE

XXVI, RVE DE CONDÉ, XXVI

—

MCMVIII

JUSTIFICATION DU TIRAGE :

327

AVANT-PROPOS

> ... Il y a une quantité singulière de
> jolis enfants bien frais, bien blancs,
> ayant une taille leste, de beaux yeux
> et 15 ans passés, dont nous tirons
> parti, à l'aide d'une vieille coquine
> que la misère a poussée dans la route
> des *Montigny* et des *Gourdan*... »
>
> De la Baume (Griffet) 176. (?)

« Ce sont toujours les mêmes qui se font
tuer ! »

Ce mot célèbre peut s'appliquer également à
ceux qui tiennent à la vie et qui ont les moyens
de la mener joyeuse. Aussi ne faut-il pas
s'étonner de retrouver dans ce volume les
mêmes noms que dans le *Journal* et dans le
premier volume de *Paris sous Louis XV*. Ce
sont même ces noms qui nous offrent le plus
d'intérêt et viennent à point varier la mono-
tonie de cette énumération de personnages,
connus surtout des érudits.

Nous nous bornerons, dans cet *Avant-Propos*, à relever les erreurs qu'on a bien voulu nous indiquer.

On nous a reproché d'avoir appelé Le Noir intendant de police (p. 6). La faute en est à Taschereau qui le désigne ainsi, à tort, dans la *Revue rétrospective* : Le Noir était lieutenant général de police.

La *Revue critique* (nº 50, 17 décembre 1906) nous fait remarquer justement que Ségur était maréchal en 1783 et non en 1787 (p. 21) ; que Albemarle n'était plus ambassadeur en 1755, et mourait en 1754 (p. 206) ; et que Bougain-ville (Louis-Antoine de) mourait en 1811, et non en 1814 (p. 55).

Elle ajoute : « Le frère du roi de Suède ne peut être Gustave d'Holstein-Eutin (lire Gottorp) (1) qui était, en 1772, roi sous le nom de Gus-tave III. »

Nous lisons, en effet, dans l'*Almanach royal :* « Gustave d'Holstein Eutin, né le 24 janvier 1746, roi de Suède, 12 février 1771. » C'est lui qui fut tué en 1792, et qui est le héros de l'opéra de *Gustave III*, de de Leuven, dont le père Ribbing

(1) Pourquoi Gottorp, plutôt qu'Eutin (deux noms de lieu) que donnent les biographies ?

avait été l'un des trois conjurés qui assassinaient le roi. La correspondance amoureuse de Ribbing avec Mme de Staël fut léguée par de Leuven à Dumas fils.

Le Prince dont il s'agit (p. 57) est donc Charles, frère du roi, né le 7 octobre 1748.

Dans la *Revue critique*, M. L. R. nous reproche de ne donner que « le passé de la courtisane, un signalement banal, son état de fortune et son installation, les demandes et les offres ». C'est précisément ce qui fait, à nos yeux, l'intérêt de ces rapports où il ne faut pas chercher autre chose. On nous dit : ce sont les petits côtés de l'histoire. Mais nous recherchons précisément ces petits côtés, et pour n'en citer qu'un exemple, nous prendrons un des plus illustres : Bougainville. Le portrait que nous signalons (p. 55) n'est pas celui de son père, Pierre-Yves, l'échevin, mais celui de son frère, l'académicien, mort célibataire en 1763.

Les rapports publiés par Lorédan Larchey, dans le *Journal des Inspecteurs*, ont été mal interprétés par des gens de parti pris qui ignoraient l'époque dont ils parlaient. Bougainville était riche, et pouvait se permettre, comme tous les jeunes gens de son rang, à cette époque, de mener la vie à grandes guides. Après une partie fine avec la demoiselle Senneterre (p. 290), il entretenait Mlle Mirey ou Dumirey, danseuse de l'Opéra.

Un peu plus tard, il offrait pour plus de 12.000 livres de meubles à une demoiselle Reybbres (ou Reyber) — probablement Fleury l'allemande, comme on la nomme ensuite, — et il lui donnait, en sus, 12.000 livres de la main à la main, plus 60 louis par mois (1763, 12 août). En outre, il lui ouvrait un crédit chez son banquier avant de partir pour la Guadeloupe, et le 19 août, il partageait les faveurs de Sophie Arnould, âgée alors de 19 ans : il en avait 34.

En 1772, il avait donc 43 ans, et revoyait Mlle Mirey, une ancienne connaissance, et enfin il fréquentait une élève de Mlle Clairon, la jeune Brida.

Ces peccadilles n'empêchaient pas Bougainville de préparer sa coûteuse expédition aux îles Malouines, de concert avec son oncle, riche financier, qui l'aimait beaucoup, et qui ne l'eût pas laissé dans l'embarras.

Rien dans ces rapports ne peut donc entacher la réputation de ce brave marin, un peu « fêtard », malgré les calomnies sans fondement d'un agent de police qui prétend que « quand le jeu l'a maltraité, il trouve chez la demoiselle Mirey ou Dumirey des ressources ». Ce sont là des racontars de policier, auxquels il ne faut pas accorder plus d'importance qu'ils n'en méritent. Bougainville n'en reste pas moins un fort galant homme et un grand navigateur.

A propos de la Dumirey, cette jolie danseuse de l'Opéra, nous apprenons, par Lorédan Larchey, que M. de Cramayel, fermier général, avait fait bien des sottises pour elle.

François de Fontaine, fermier général (1749-1772), succédait à son père dans sa charge, et achetait la terre de Cramayel, près de Lieusaint, en 1753, terre qui était érigée en marquisat en 1772. Sa femme, Françoise-Monique de la Borde (1724-1808), sœur de J.-Benj. de la Borde, le premier valet de chambre du roi, l'auteur des *Chansons*, guillotiné en 1794, avait eu des faiblesses pour le marquis de Saint-Marc, officier aux Gardes, et rendait à son mari la monnaie de ses infidélités.

Elle suivait, du reste, l'exemple de son homonyme, Henriette-Charlotte de la Borde, fille du fermier général, épouse légitime d'Auguste-Louis-Simon Brissart fils, fermier général, qui était l'amie très intime de Dufort de Cheverny, bien que ses *Mémoires*, revus et maladroitement *diminués*, n'en parlent pas. Dufort n'est pas aussi discret, et nous regrettons les *coupures* qu'on a cru devoir faire par un scrupule exagéré, à notre avis.

Lorsque nous disons que le nom d'une femme ne se trouve pas dans Campardon, ce n'est pas un reproche : cette femme est en général une figurante et tient un rôle secondaire. Cette remarque n'enlève rien à la valeur des publications d'un consciencieux chercheur qui ne peut pas, évidemment, énumérer toutes les figurantes : elles sont trop.

Nous ne sommes pas un concierge ; nous avons la prétention de faire œuvre d'historien, et les lettres nombreuses que nous avons reçues nous encouragent à continuer la publication de ces *rapports* que nous croyons indispensables à tous les curieux qui désirent connaître la vérité sur une époque « dont on parle beaucoup sans la connaître encore bien », pour nous servir des expressions de Lorédan Larchey.

M. H... (*Revue historique*) n'est pas comme M. Villemain, et il n'oublie qu'une seule chose qui donne tout l'intérêt au *Paris sous Louis XV*; ce sont précisément les noms des hommes, des libertins. Nous pouvons nous promener au Prado *tout seul*, et si Dubois n'avait pas connu la Fillon, le complot de Cellamare aurait pu avoir de graves conséquences.

Les documents ignorés et inédits sur la du Barry sont d'une réelle importance historique; ils auraient réjoui Vatel, s'il les avait connus, lui qui voulait des preuves.

Heureusement que tout le monde ne comprend pas l'Histoire de la même façon que M. H... et le succès du livre auprès des érudits est là pour le prouver.

M. H... qui profite de la publication de ce travail pour attaquer Louis XV, prétend-il juger une époque de l'histoire avec nos idées modernes? Un peu d'indulgence : regardons-nous ! Assurément, M. H... retarde : qu'il se mette à l'heure. A bon entendeur, salut !

Paris, 1907.

C. P.

(N. B.) On nous a reproché de ne pas avoir suivi l'ordre

chronologique. Nous avouons que nous aurions pu apporter de l'ordre dans ces notes, mais qu'il était trop tard quand nous nous en sommes aperçu. Ce mal, du reste, facile à réparer, provient du manuscrit.

BIBLIOGRAPHIE

—

Nous ajouterons à la Bibliographie du premier tome
les ouvrages suivants :

BERNIS, *Correspondance*.

OBERKIRCH (*Mémoires de M*me *la comtesse d'*).

EPINAY (*Mémoires de M*me *d'*), Boiteau, éditeur.

Prince de SAXE, *Mémoires*. A. Thévenot, éditeur.

DU DEFFAND (*Mémoires. de M*me), Lescure, éditeur.

BOUTARIC, *Correspondance secrète inédite de Louis XV*,
   2 vol. in-8º, 1866.

BOFFOUIDOR, *Vie privée de Louis XV*, 1781, 4 vol.

DE CAYLUS, *Mémoires*, Paris, 1874.

DE VALFONS, *Souvenirs du marquis*, Paris, 1860.

DE MAUREPAS, *Mémoires*.

COCHIN, *Mémoires*.

RICHELIEU, *Nouveaux mémoires*.

DUC DE CROY, *Mémoires sur les Cours de Louis XV et
   Louis XVI*.

Le tarif des filles du Palais Royal, 1907.

———

1760, 12 février.

La Demoiselle Rose Pernay, dite Vanhollf, demeu-
rante rue Montmartre chez le Sr Botantuit, chi-
rurgien, entretenue par M. Bonfils.

La Demoiselle Rose Pernay, dite Vanhollf, âgée
de 24 ans, native de Dijon, est grande, bien faite,
d'une jolie figure, brune de cheveux, les dents belles
et ne paraît point son âge. Son père est mort ; en
son vivant, il était perruquier à Dijon ; sa mère vit
encore. Elle a été débauchée, il y a de cela dix ans,
par un jeune homme nommé Boulay, avocat au
parlement de Bourgogne. Les parents s'étant aperçus de cette intrigue la menacèrent de la faire renfermer, ce qui fut cause que pour se mettre à l'abri
de leur colère, elle les quitta et s'en vint à Paris, il
y a neuf ans. Le hasard lui procura la connaissance
de M. de Saint-Germain, pour lors Directeur de
l'Opéra, qui la fit entrer au magasin, à l'Ecole du
Chant ; mais n'ayant point voulu se donner la patience de perfectionner sa voix, elle entra au spectacle de l'Opéra-Comique où elle fit la conquête

du Sr Fremot, négociant hollandais, qui l'emmena avec lui à Smyrne et avec qui elle a vécu deux ans. Au bout de ce temps, elle s'en revint à Paris comblée de ses bienfaits, c'est-à-dire bien nippée, et ayant pour mieux de 12.000 livres de bonnes lettres de change. Elle entra pour lors au grand Opéra où elle a resté jusqu'en 1756. M. Ferand (1), conseiller au Parlement, chevalier de Saint-Louis, se prit de belle passion pour elle ; il lui proposa de l'emmener avec lui dans ses terres en Poitou. Elle accepta la proposition et a vécu avec lui jusqu'au mois de juillet dernier qu'il lui a fait 600 livres de rente viagère sur le Roy et l'a ensuite quittée. Elle passa alors aux appointements de M. de Cheyla (2), mousquetaire gris, avec lequel elle a passé huit mois et dont elle ne s'est séparée depuis un mois que par les jalousies du S^r abbé Roger, qui, désirant jouir d'elle et ne pouvant y parvenir, a cherché à la noircir dans l'esprit du S^r De Chela, son intime ami. Mais elle a promptement réparé cette perte par la connaissance qu'elle a faite du Sr Bonfils l'aîné, dont la mère est veuve d'un secrétaire du roi fort riche, et qui demeure rue du Gros Chenet. Il lui donne 300 livres par mois sans les présents. Elle demeure présentement rue Mont-

(1) Ferand, conseiller au Parlement, 2e chambre des enquêtes, rue Poulletier, île N.-D. 1760. — *Alm. Roy.*

(2) Du Chela ou du Chayla, fils (?) du comte du Chayla, lieutenant général de la Cavalerie, mort 16 déc. 1754.

martre, chez le sieur Botentuit, chirurgien (1).
Cette Demoiselle est fort tranquille et on ne lui
connaît pas de guerluchon.

1760, 27 juin.

La dame Le Roy, âgée de 32 ans, native de Bordeaux, où elle a été mariée et établie marchande
mercière, a quitté son mari, il y a environ six ans,
par libertinage, en lui emportant beaucoup de bons
effets et de l'argent comptant, pour suivre un officier qu'elle aimait et dont elle croyait être aimée,
qui venait à Paris pour solliciter une augmentation
de grade dans le service. Elle n'a jamais voulu dire
son nom, quoiqu'elle ait avoué que ce particulier en
a agi bien mal avec elle, et qu'il la laissa à elle-
même, après lui avoir dépensé tout ce qu'elle pouvait avoir d'argent. Elle était logée en chambre
garnie dans le quartier Saint-Paul. Sa dernière res-
source fut de chercher les aventures, et cependant
de cacher son jeu et ses idées aux gens chez qui elle
demeurait, seules connaissances qu'elle eût en cette
ville. Elle se détermina donc à fréquenter les promenades ; elle allait souvent au jardin de l'Arsenal et
comme elle est grande et bien faite, très blanche
de peau, l'œil vif et brun, la démarche hardie, tout
cela la fit remarquer, et entr'autres personnes, par
un nommé M. de la Cottière, homme riche, âgé
actuellement d'au moins soixante ans, lequel se

(1) P.-J., Botentruit-Langlois, chirurgien, rue Montmartre, près l'égoût, depuis 1738. — *Alm. Roy.* 1761.

sentit ranimé par le goût qu'il prit pour elle. Après l'avoir rencontrée plusieurs fois dans ce jardin, il l'aborda enfin, et de propos à autres en vint à des offres de services, qu'il effectua même sur le champ en lui glissant dans la main dix louis d'or. Il la reconduisit chez elle. Ils voulurent mettre du mystère dans leur intrigue ; il fit changer de demeure à sa maîtresse et lui donna pour 1.200 livres de meubles qui furent placés rue Jean Robert, dans la maison d'un fruitier. Ses appointements furent fixés à 150 livres par mois. Elle n'a point de domestique, sinon une femme qui vient journellement faire son ménage, et comme elle a fait la connaissance d'une nommée Pinaussac, coiffeuse, demeurante rue Grenier Saint-Lazare, un peu commode de son espèce, elle a eu souvent occasion d'y voir M. le Commissaire Bourgeois qui allait chez cette femme s'amuser avec ses aprentisses ; elle en fit la connaissance et lui permit de venir chez elle, ce qu'il a fait, toujours avec précaution, afin de ne pas donner de jalousie à M. de la Cottière, lesquelles visites il a cependant cessé depuis longtemps, on ne sait si c'est par brouille ou par manque de générosité. Cette dame Le Roy espère de son vieil entreteneur une part dans son testament ainsi qu'il le lui a promis. Elle est d'un caractère fort doux et se tient très tranquille dans son petit ménage qui est toujours monté sur le même ton. Elle est extrêmement bien nippée en hardes et bijoux honnestes, arborant les dehors d'une honnête femme en faisant passer son bienfaiteur pour un de ses oncles.

1760, 4 juillet.

La demoiselle Marie Toussine Le Blanc, âgée de 21 ans, native de Paris, fille d'un garçon de chantier, sur le quai de la Tournelle, dont j'ai donné la première aventure le 1er janvier 1758, alors entretenue par M. de Nolivos (1), capitaine aux gardes Françaises, et guerluchonnée par le sieur Darnet, chirurgien, laquelle je dépeignis avec tous les charmes qu'elle possédait et qui la faisaient regarder comme une de nos plus jolies femmes et comme ayant fait ses humanités en fait de galanterie dans nos grandes maisons publiques, et qui fut cause de ce procès que la Montigny, dite Dupuis, eut au criminel, à elle suscité par ses père et mère fort injustement, puisqu'ils avaient reçu de l'argent de cette femme chez laquelle une nommée Geneviève Danton l'avait amenée, et qui a été aussi décrétée et jugée à être enfermée à la Salpêtrière, où je crois qu'elle est encore, laquelle demoiselle Le Blanc, s'étant brouillée avec Darnet (2), eut le malheur d'être arrêtée et conduite à l'hôpital, sur un mémoire présenté par ses père et mère, appuyés par leur confesseur, et dont elle sortit, il y a environ

(1) Nolivos de Saint Cyr, familier du Salon de d'Holbach; auteur du *Tableau du Siècle* (1759). — *Correspondance de Grimm.*

(2) Darnet, Esculape habile dans ces sortes de maladies, chirurgien spécialiste. — T. I.

dix-huit mois, et fut reprendre ses meubles occupant un appartement à la Porte Montmartre, lesquels elle vendit quelques mois après, et s'en alla à Bordeaux sous les auspices d'un nommé M. Rozières, capitaine de vaisseau marchand, qui s'en chargea pour l'entretenir. Après lui avoir beaucoup coûté, elle en fut quittée par rapport à un guerluchonnage avec le caissier de M. Gradix (1), fameux juif commerçant de cette ville. Après cet échec, elle revint à Paris, y fit peu de séjour et retourna à Bordeaux où elle a eu le bonheur de plaire à un nommé M. Dupuis, riche et intéressé dans les nouvelles fermes du roi, qui lui a déjà fait beaucoup de présents, avec lequel elle est revenue à Paris, depuis un mois, où il est pour ses affaires. Il loge rue Traversière, à l'hôtel des Indes, et elle, rue Champfleury, chez le nommé Limail, courrier de Bordeaux, où elle avait des meubles à elle appartenant. Elle s'y tient fort tranquille, est toujours jolie. Son entreteneur lui a promis 800 livres de rente avant de s'en retourner à Bordeaux, et autres 800 livres aussi de rente lorsque la paix sera faite.

(1) Gradix, Michel, juif ; un des plus riches négociants de Bordeaux.— *Correspondance de Bernis*, II, 318, note. — Marmontel. *Mémoires*, liv. VII, 204. — Dufort de Cheverny. *Mémoires*.

1860, 11 juillet.

La demoiselle Jeanne Richard, âgée de 16 ans, de petite taille, un peu trop chargée d'embonpoint, la physionomie très intéressante, l'œil bleu et vif, la bouche jolie, les dents belles, les cheveux bruns, d'un caractère fort doux et le propos enjoué, libertine et paillarde au suprême degré, est fille d'un maçon du faubourg Saint-Honoré et nièce de la demoiselle Pichard qui a été connue pour la maîtresse de l'ambassadeur Turc, chez laquelle cette jeune fille allait souvent. Sa petite mine intéressa plusieurs des personnes qui venaient chez cette tante, et enfin, un mousquetaire, plus entreprenant que les autres, l'endoctrina, lui donna son adresse ; elle s'y rendit et lui laissa cueillir sa première fleur. D'après cette démarche, elle devint indocile pour ses parents. Elle en fut maltraitée comme de raison, ce qui aussi la mit dans le cas de secouer leur joug et de se mettre à la débandade, il y a de cela environ quatre ans, en entrant chez toutes les femmes publiques comme la Monbrun, la Deslongrais et beaucoup d'autres où elle a été connue sous différents noms ; enfin chez la Dubuisson, rue du Ponceau, sous celui de Saint-Sevrin, où, après avoir passé en revue toutes les connaissances de cette femme, elle a eu le secret de captiver les bonnes grâces de M. Lépagneul, mousquetaire noir, âgé d'environ 30 ans, connu

2*

pour être à son aise, qui est convenu de lui donner
300 livres par mois pour satisfaire à toute sa dépense et qui lui donne en même temps pour
1.000 livres de meubles, qui sont déjà posés par
La Batte, tapissier, rue Saint-Sauveur, en une maison à porte cochère, près de l'enseigne du Chef
de Saint-Denis. Cette demoiselle regarde cette première aventure comme un acheminement à de plus
grandes et se promet de se donner pour le présent,
par sa bonne conduite, une réputation toute diffé-
rente de celle qu'elle s'était faite. Voilà comme
toutes nos élégantes ont commencé : elles donnent
la farine et vendent cher le son de leurs charmes.
Elle sera toujours connue sous le nom de Saint-
Sevrin. La Dubuisson s'est départie en sa faveur
de ce qu'elle pouvait lui devoir et s'est contentée
de la part de M. Lépagneul de quelques louis de
présent.

1760, 25 juillet.

La demoiselle Marie-Anne Cheron, âgée de 17
ans, native de Beauvais; son père jardinier, sa
mère morte ; a été envoyée à Paris il y a 10 ans et
y a été élevée par les soins d'une tante maternelle
qui la mit en apprentissage de couture pour les
tailleurs. Cette tante la conserva sage tant qu'elle
vécut ; mais, étant morte, il y a environ deux ans,
cette jeune fille se trouva maîtresse de ses actions,
par conséquent plus aisée à aborder. Aussi, un
nommé Gabert, cuisinier de M. de Chabanne, offi-

cier aux Gardes Françaises, quartier Montmartre,
l'ayant lorgnée comme demeurante dans son voi-
sinage, réussit enfin à lui prendre ce que sa tante
lui avait recommandé de garder toute sa vie avec
soin. Cette petite intrigue dura quelques mois,
mais son amant ayant été obligé de suivre son
maître à l'armée, l'absence lui donna les torts ordinaires dans l'esprit des femmes et il fut succédé
dans tous ses droits par le nommé Rasquel, garçon
bourrelier, qui fut plus maladroit que son devan-
cier, puisque la jeune personne ressentit des maux
de cœur qui lui annonçaient qu'elle devenait mère.
La pudeur et la honte la réduisirent à la misère la
plus affreuse ; elle changea de quartier, se mit à
vendre pièce à pièce de sa garde-robe ainsi que les
petits meubles que sa tante lui avait laissés en mou-
rant et, pour comble de malheur, Rasquel, embarrassé lui-même, prit le parti d'aller à l'armée travailler de son métier. Réduite à la dernière extrémité, il fallut, pour ne pas mourir, qu'elle prît le
parti de se mettre en pension chez une femme du
monde nommée Soret (1). Cette femme l'aida dans
ses couches, et revenue en santé, après s'être ac-
quittée de ce qu'elle lui devait, elle changea de
demeure et vint s'installer chez la Préville (2), rue
de Richelieu, où depuis un an elle est connue sous
le nom de Victoire. Elle est de petite taille, porte
une petite figure chiffonnée, a la peau très blanche
et la plus belle gorge que l'on puisse voir, est brune

(1) Soret (la). — *Journal.* — T. I.
(2) Préville (la). T. I.

de cheveux, les yeux bleus et très vifs. Quant à l'esprit, il n'a pas encore pris la peine de se faire connaître, sinon par sa méchanceté. Enfin, quoi qu'il en soit, elle vient, depuis trois mois, de faire la connaissance d'un Portugais qui en est fort amoureux et qui a beaucoup dépensé pour elle. Il a commencé par payer environ dix louis d'or qu'elle devait à la Préville et a fait aller sa maîtresse chez le Sr Darnet, chirurgien, rue des fossés Montmartre, pour y passer les remèdes, dont elle avait grand besoin. Sortie de chez ce chirurgien, au bout de huit jours de séjour chez le Portugais que l'on nomme Bailly et qui est capitaine de vaisseau, l'ennui de la vie tranquille la prit et à force de chercher de mauvaises querelles à son bienfaiteur, il se vit forcé de la laisser retourner chez la Préville qui la reçut avec plaisir, la voyant bien nippée et en bonne santé. L'amour de ce marin n'a pu encore se guérir ; il va souvent la voir, l'emmène chez lui de temps en temps passer une couple de jours sans qu'il puisse la déterminer à y rester, telle générosité qu'il ait pour elle. Lorsqu'on demande à cette fille pourquoi elle se comporte ainsi, elle répond que quoique cet amant soit bel homme, riche et généreux, elle ne peut le souffrir ; qu'elle le tromperait si elle restait avec lui et que de le voir en passade, il lui est plus supportable. C'est un singulier bétail que nos femmes de débauche ; celle-ci se trouve être entretenue en mauvais lieu, car il lui donne, quoique rentrée dans tous ses exercices chez cette Préville, environ 15 louis par mois et lui fait journellement quelque petit présent

sans que pour cela elle veuille se passer de faire
tête aux libertins qui se présentent. Peut-être que
le temps viendra qu'elle se repentira d'avoir si mal
profité de la bonne occasion qu'elle avait de se retirer, sinon du vice, du moins de la cohue libertine dans laquelle elle se trouve actuellement.

1760, 8 août.

La demoiselle Yoris, dite Dalinville, dont j'ai
donné les premières aventures, le 2 juin 1758, en
annonçant qu'elle était entretenue par le sieur Ra-
phaël fils, juif, qui a vécu avec elle à très petits
frais, n'étant pas riche lui-même, et qu'elle a fait
succéder par un jeune homme de la même nation,
nommé Dalpiget, qui est un de ceux compris dans
l'affaire du Sieur La Croix, arrivée rue de Grenelle, chez la Monroyal, prêteuse sur gage, vient
aussi de manquer à ce dernier pour un autre juif
nommé Jacques, avec lequel elle est partie de
Paris, mardi dernier, pour aller à Bordeaux, après
avoir vendu tous ses meubles, qui n'étaient cependant pas de grande importance. Ce Jacques est de
bonne composition et, arrivé à Bordeaux, il la
laissa tenter fortune pour n'occuper auprès d'elle
que la qualité de guerluchon, ainsi qu'il l'a déjà
été dans cette ville de la demoiselle Le Blanc, actuellement entretenue par M. Dupuis, négociant,
laquelle est revenue à Paris, il y a environ six semaines, et qui est repartie depuis 15 jours, M. Du-

puis s'étant aperçu qu'elle menait ici une mauvaise conduite.

Cette demoiselle Dalinville est encore aimable ; s'est maniérée depuis sa sortie des maisons publiques et pourra fort aisément trouver quelques bonnes occasions à Bordeaux où elles sont plus fréquentes qu'à Paris, et une demoiselle qui en revient est beaucoup plus recherchée surtout lorsqu'elle arrive un peu nippée.

1760, 15 août.

La demoiselle Louise Friope, dite de Sainte-Foix ou de Messe, dont j'ai donné les premières aventures, le 27 juillet 1759, en annonçant qu'elle était entretenue à petits frais par M. Fontaine fils, procureur du Roi en l'élection de Paris, qui a cependant cessé de la voir lorsqu'il a su que pour augmenter sa petite fortune elle se prêtait à aller faire des passades chez différentes femmes, comme la Bonfils (1) et la Eudes (2), ce qu'elle a continué avec encore plus d'ardeur après l'avoir perdu et qui l'a conduite enfin à se mettre au nombre des pensionnaires de la Hecquet (3) pendant environ six mois, au bout duquel temps elle se remit en chambre garnie rue Montmartre, à l'hôtel d'Aix. Elle y est restée jusqu'à il y a environ deux mois

(1) Bonfils (la). — T. I.
(2) Eudes (la). — T. I.
(3) Hecquet (la). — T. I.

qu'elle eut le bonheur, dans une passade chez la Martin dite Le Blanc, de faire la connaissance d'un nommé M. Dumarais de Saint-Chaumont en forêts, fils d'un gentilhomme fort riche, qui, quelques jours après, étant allé la voir, lui donna 25 louis pour lui faire un commencement de meubles. Elle en acheta sur le champ pour environ cent pistoles qui furent placés dans un petit appartement, rue Croix des Petits Champs, chez le rôtisseur, au second étage, où elle demeure actuellement. Elle se tint fort sage tout un mois et ce M. Dumarais lui fournit tout ce temps à sa dépense, mais obligé de retourner pour quelques mois chez son père, il s'est contenté de lui laisser quelques louis, lui promettant de lui envoyer, de temps en temps, de l'argent. Elle l'a fait succéder par un nommé M. Chapuy, Américain, demeurant à Paris, rue du four Saint-Honoré, dans ses meubles, qui l'a prise à ses appointements, à raison de 12 louis par mois et qui lui promet 600 livres de rente si elle veut le suivre en Amérique lorsqu'il y retournera. Mais elle s'obstine à rester à Paris et à attendre le retour de M. Dumarais, à qui, cependant, elle avait promis d'être fidèle et de se contenter de ses petits secours et comme elle en reçoit des nouvelles toutes les semaines, lorsqu'elle sera prévenue de son retour, elle se propose de renvoyer l'Américain pour qui elle dit n'avoir aucune amitié.

1764, 8 janvier.

La demoiselle Maupin (1), sœur de la demoiselle Rozalie, ci-devant actrice de l'Opéra-Comique, entretenue depuis plusieurs années par M. Teissier (2), beau-frère de M. Bontems (3), gouverneur des Thuilleries, et dont elle a plusieurs enfants, baptisés sous son nom, vient de perdre, depuis environ deux mois, ce riche entreteneur et toutes ses espérances, par une infidélité dans laquelle il l'a surprise avec un Sr Petel, fort aimable homme, mais peu riche, qu'elle avait enlevé depuis peu à la demoiselle Marquis la Provençale, qu'il guerluchonnait.

Mlle Maupin, en femme de précaution, avait eu soin de se faire faire par M. Teissier, des billets solides pour 30.000 livres payables à différentes échéances. Cette affaire, ayant altéré la santé même de M. Teissier, madame son épouse s'en étant aperçu, en a exigé l'aveu avec toutes les prévenances possibles. Alors cette dame a fait proposer à la demoiselle Maupin de se charger de l'éducation de ses trois enfants, de leur assurer à chacun 600 livres de rente et de lui faire, à elle-

(1) Maupin. — P. collection Destailleur. — Opéra : danse et chant.

(2) Tessier, fermier général. — Cf. Caraman. *Fermiers généraux*. Mss. BN.

(3) Bontemps. — T. I.

même, 1.200 livres aussi de rente, en renonçant
aux billets à elle faits par M. Teissier, et à ses enfants. Cette demoiselle a d'abord paru contente de
ces offres, mais ayant changé de sentiment, elle
en a refusé l'exécution. Elle voulait que ses enfants
fussent reconnus comme légitimes, et tint même à
ce sujet des propos sur le compte de M. et de
Mme Teissier, qui donnèrent de l'humeur à cette
dernière, au point que la demoiselle Maupin a été
avertie que Mme Teissier allait obtenir une lettre
de cachet pour la faire mettre à Sainte-Pélagie,
ce qui la détermina sur le champ à déménager de
la rue Saint-Roch. Elle est cachée actuellement,
(J'en découvrirais la retraite s'il en était besoin).
Avant cependant de se séquestrer, elle a présenté,
il y a trois semaines, un mémoire à M. le Comte
de Saint-Florentin (1), pour parer le coup de l'ordre
du Roi, en attestant à ce ministre n'avoir tenu
aucun propos sur M. et Mme Teissier, et par provi-
sion, elle s'est déjà fait payer d'un de ses billets,
le 31 décembre dernier ; c'est M. Guérin (2), notaire, qui en a fait le paiement. J'étais chez lui
dans ce moment-là. Toutes les connaissances de
Mlle Maupin la condamnent de ne s'être pas prêtée
au sort de ses enfants et au sien à elle-même ;
mais l'on prétend qu'elle a assez de confiance à
ses charmes pour revoir à ses pieds M. Teissier,
plus libéral et plus amoureux.

(1) Saint-Florentin (comte de). — T. I.
(2) Guérin, notaire, rue Saint-Martin, vis-à-vis Saint-
Julien-des-Ménétriers.

La fameuse Deschamps (1) s'ennuie à la mort avec son mari et sa fille qui la font endiabler. Elle dit qu'au mois d'avril prochain, ses affaires étant arrangées, elle reparaîtra sur le grand théâtre du monde et abandonnera son vilain mari au maître d'hôtel de M. le duc de Nevers (2) dont elle est la maîtresse depuis longtemps.

On assure que quoique maigrie extraordinairement de sa dernière maladie, elle en paraît plus jolie. Elle souffre encore beaucoup des genoux où elle a eu des exostoses, dignes fruits de ses amusements.

La demoiselle Ménage, ci-devant entretenue par M. Duplessis fils, conseiller au Parlement, quitte le grand monde et doit entrer demain, lundi, chez une marchande de modes, rue Montmartre, en qualité de fille de boutique. On la dit actuellement aux appointements du maître d'hôtel ou valet de chambre de M. le maréchal de Biron (3). Malgré tous ses torts, M. Duplessis lui avait offert son pardon. Elle l'a refusé en lui disant que toutes ses vues se tournaient du côté d'un établissement plus solide.

(1) Deschamps (la). — *Journal.*

(2) Nevers (duc de). Philippe Jules François Mazarini Mancini, mort en 1768, âgé de 92 ans. On dit qu'il avait épousé Mlle Quinault. — Dufort de Cheverny.

(3) Biron (maréchal de), Louis-Antoine de Gontaut, duc de Biron (1700-1788), maréchal de France depuis 1751. — Dufort de Cheverny.

1764, 10 février.

Tous nos jeunes seigneurs commencent à être jaloux de l'accueil favorable que les plus jolies femmes font au fils de M. le Comte d'Herfort, ambassadeur d'Angleterre (1). Il est vrai que ce jeune homme est grand, bien fait, d'une figure agréable et possède avec cela toute la politesse d'un Français qui a reçu la première éducation. En outre, comme il ne doit pas rester longtemps en France, c'est une raison de plus pour réussir auprès des dames qui sont toujours bien aises d'ensevelir dans une espèce d'oubli les faiblesses de leur cœur et pouvoir former d'autres amours sans craindre les reproches ou les indiscrétions d'un amant délaissé. Aussi cet Anglais a-t-il à se louer de la prudence de nos dames. Plusieurs se disputent sa conquête et entr'autres Mme de Quoaslin (2) et

(1) M. le comte d'Hertford, ambassadeur extraordinaire et ministre plénipotentiaire du Roy de la Grande-Bretagne, rue Saint-Dominique, faubourg Saint-Germain, à l'hôtel de Grimbergh. Son fils était milord Beauchamp.

(2) Quoaslin. — Mme de Coaslin, figure de Minerve, avec une manière emphatique de parler, semant son entretien de propos grivois. Fort peu d'esprit, mais de la beauté, un air imposant, de la causticité et beaucoup de hardiesse. — Mme de Genlis. *Mémoires.* — *Journal.* Marie-Anne-Adélaïde de Mailly,

Mme de Montregard (1) ; mais cette dernière, poussée par un esprit de finance qui a toujours voulu l'emporter sur la condition, paraît très empressée à triompher de sa rivale. Elle ne s'en cache même qu'aux yeux de son mari qui a toujours eu la sotte confiance de ne pouvoir pas imaginer pourquoi on jasait sur le compte de sa femme, car il la croit incapable de lui manquer, et c'est fort bien fait à elle.

M. le Baron de Talleyrand est aujourd'hui l'amant que Mme la Princesse de Chimay favorise. Il a toujours fallu à cette dame un amusement de cœur, car M. le Comte d'Egreville (2), auparavant de se marier, en était bien traité et il y a environ quatre ans que M. le Comte de la Marche (3) était en intrigue avec elle. Plusieurs fois j'ai vu ce Prince, pour s'introduire auprès d'elle, passer sur le minuit par un soupirail de cave qui donne dans la rue des Rosiers et par lequel il se retirait à quatre heures du matin. C'est un miracle comme

mariée en 1750 à Charles-Georges-René de Çambout marquis de Coislin. — Dufort.

(1) Montregard (Mme de). T. I.

(2) Egreville (comte d'). — *Journal.* — Charles-Joachim Rouault, dit *le marquis de Gamaches*, né en 1729, maréchal de camp, ou son frère. Egreville est une terre que sa famille possédait encore en 1789. — Dufort de Cheverny.

(3) Marche (comte de la). — T. I.

il n'a pas été surpris par le guet ; scaurait [ça aurait] fait une bonne histoire.

M. le marquis de Duras (1) est toujours admirable dans ses amours. Il vient de prendre à ses appointements la demoiselle Sainte-Foy (2), fort aimable à la vérité, mais très libertine. On la voit souvent dans le travail de Brissault. M. le marquis lui donne quinze louis par mois, sans compter nombre de cadeaux et robes et linge très beau. Cette fille demeure rue du Petit Lion Saint-Denis, dans des petits meubles qu'elle paie par poste à un tapissier.

La demoiselle Lafond (3), danseuse aux Italiens, toute aimable qu'elle est, n'a point d'entreteneur pour le présent. Elle commence même à vivre de ménage, c'est-à-dire à mettre ses effets en gage et est réduite, pour amuser son loisir ou pour mieux dire son tempérament, à guerluchonner avec le S\ Grainier, danseur au même spectacle. M. Saimson (4) ne la voit plus du tout et paraît tout à fait attaché à la demoiselle Le Clair (5), entretenue par M. de Bintheim (6).

(1) Duras (marquis de). — T. I.
(2) Sainte-Foy. — T. I.
(3) Lafond. T. — I.
(4) Saimson. — T. I.
(5) Leclair. — T. I.
(6) Binthei (de). — T. I.

1764, 17 février.

M. le Président de Salabery (1) ne voit plus la demoiselle Saint-Hilaire (2) dont il s'était chargé après M. Amelot de Chaillou (3). Depuis quelque temps, il circulait chez différentes femmes dans l'intention d'y rencontrer une personne à son goût. Enfin la demoiselle Testard (4) s'est offerte à ses regards ; il l'a trouvée délicieuse et lui a proposé de l'entretenir. Elle a accepté volontiers la proposition et le Président lui a donné quinze louis pour le premier mois, se réservant de lui faire des cadeaux si elle se conduit à sa satisfaction. Mais je pense qu'elle lui épargnera l'embarras du choix, car elle est toujours aux appointements du Sr de Gomicourt (5), commissaire des guerres des chevau-légers de la Garde, et, malgré cela, est en

(1 Salaberry (Président de). — T. I. — Charles-Victor-François d'Irumberry de Salaberry, plus tard beau-frère de Dufort de Cheverny.

(2) Saint-Hilaire (Marie-Madeleine de), chanteuse. Campardon. *Opéra*.

(3) Antoine-Jean Amelot, marquis de Chaillou, maître des requêtes, secrétaire d'Etat, fils de J.-J. Amelot de Chaillou, ministre des affaires étrangères (1689-1749), et de Marie-Anne de Vougny, remariée au marquis d'Amezagua. Il mourut en 1795. Dufort.

(4) Testard (Mlle). — T. I

(5) Gomicourt (de). — T. I.

marché avec M. le Comte de Rochefort (1), sans compter ce qu'elle tire encore du Comte de Sormany qui en perd la tête depuis qu'il voit qu'elle est goûtée. Mais elle dit, lorsqu'on lui fait des représentations sur ses coquetteries, qu'elle aime le premier mois, que cela fournit une certaine aisance pour se produire et qu'elle ne se fixera qu'en faveur de celui qui lui fera tout d'un coup des rentes. Elle trouvera difficilement un semblable parti ; ce n'est pas qu'elle ne soit très séduisante, mais elle paraît avoir la tête bien légère pour fixer de prime abord un honnête homme.

La demoiselle Lavigne dite Duransy (2), connue pour avoir été entretenue par M. le duc de Grammont (3), dont elle a eu un enfant, qui lui a occasionné, à la suite de sa couche, un lait répandu qui l'avait fort changée et dont elle a été guérie, malgré toute la jalousie de la Faculté, par les remèdes du Sr Printems (4), médecin des urines, commence à reparaître dans le monde. M. le Comte

(1) Rochefort (comte de), parent de Puisieux et de Genlis. — T. I.

(2) Duransy. — Pougin. — *Opéra*.

(3) Grammont (duc de). T. I.

(4) Printemps. — T. I. — Le successeur du sieur Printemps, le sieur Carré, demeurant en face l'église Saint-Philippe-du-Roule, donnait des consultations pour la guérison de toutes les maladies, d'après l'inspection des urines qui lui étaient apportées, sans avoir besoin de se déranger. Il consultait de 8 heures à 1 heure.

de Rochefort est indécis entre elle et la demoiselle Testar ; mais comme la demoiselle Duransy a été abandonnée par M. le duc de Grammont, ce qui la réduit à vivre de ménage en vendant pièce à pièce pour se soulager, elle vient d'accepter, en attendant que M. de Rochefort se décide, les offres de M. Boula de Charny, trésorier général des Ecuries et Livrées de Sa Majesté, demeurant rue Saint-François, au Marais. Il lui donne vingt louis par mois et doit lui faire présent de plusieurs robes. Au premier moment, Monsieur, vous serez importuné par ses père et mère avec lesquels elle vit, qui certainement se plaindront de son inconduite, qu'ils souffrent cependant depuis plusieurs années, mais dont ils commencent à se lasser parce que leur fille, de son côté, se lasse de voir qu'elle ne fait que pour eux. Ils se sont déjà pourvus à votre tribunal, il y a dix-huit mois, mais le commissaire Sirebeau (1) a reçu vos ordres pour leur en imposer. Il est vrai que depuis ce temps ils ont cessé de la maltraiter, mais non pas de la manger.

M. le Baron de Friesendorf, attaché à M. l'ambassadeur de Suède, vient de faire emplette, la semaine dernière, de la demoiselle Dasselin, l'une des pensionnaires de la Dubuisson ; il lui donne dix louis par mois, lui a fait mettre pour 1.500 livres de meubles dans un appartement fort joli, rue des Fossés M. le Prince, et lui a fait présent de nombre

____

(1) Sirebeau. — T. I.

de robes et de quantité de linge, tant à son usage que pour la table. Cette jeune fille est très jolie et a un maintien honnète. Je suis très persuadé que si le Baron cultive les dispositions qu'elle a pour la danse qu'on ne tardera pas à la voir au théâtre effacer les plus aimables : c'est aussi toute son ambition.

La demoiselle Advenier, native de Dijon, âgée de 20 ans, est de moyenne taille, mais bien faite, les cheveux bruns, les yeux noirs et fort grands, la bouche belle et bien ornée, et composant en tout la figure la plus friponne que l'on puisse voir : son père et sa mère étaient établis marchands de modes à Lyon et l'avaient mariée à un Suisse nommé Félicité, qui faisait aussi le commerce dans les différentes foires du royaume ; mais les père et mère ayant mal fait leurs affaires, ainsi que son mari, ils se sont séparés à l'amiable ; la jeune femme est retournée avec sa mère et elles sont venues ensemble à Paris dans l'intention de relever leur mauvaise fortune. D'abord elles se sont liées avec la demoiselle Fleury, aujourd'hui entretenue par M. de Goderneau (1), capitaine de cavalerie et joueur fort adroit, qu'elles avaient connue à Lyon dans les modes. Cette demoiselle les a faufilées avec tous les agréables qui ont beaucoup caressé la demoiselle Advenier, mais lui ont fait peu de fortune. Cependant, le Chevalier de la

(1) Goderneau. — *Journal*, p. 321. Le nomme à tort Godermann. — *Mercure de France*, 1777.

Motte, officier-major du régiment de Soubise, qui
a assez bien fait ses affaires pendant la guerre
dernière, vient de se charger d'elle et paraît faire
de la dépense pour elle. Ce qui est certain, il a
payé ses dettes et l'a nippée très proprement, et
comme elle a une belle voix, il lui a fait prendre
un maître de musique pour lui donner des principes, afin de la faire ensuite débuter à l'Opéra.
Si elle s'applique, il y aura certainement de quoi
faire une actrice, car elle n'est point du tout em-
pruntée.

Soupers.

1764, février.

Le onze de ce mois, M. le marquis de Vintimille (1), le Comte de Lusignan (2), le marquis
d'Escars (3) et le chevalier de Clermont (4) ont
soupé chez la Brissault avec les demoiselles
L'Étoile (5) et Saint-Yon. M. de Vintimille avait
apporté avec lui une bourse de jetons et des cartes

(1) Vintimille (marquis de). — *Journal.*
(2) Lusignan (comte de). — *Journal.*
(3) Escars (marquis d'). — T. I.
(4) Clermont (chevalier de). — t. I. « Avait alors une
jolie figure que gâtaient un peu quelques tics désa-
gréables... il faisait des citations presque toujours
fausses » (De Genlis. *Mémoires,* II, 195).
(5) L'Étoile. — T. I.

dans l'intention de jouer, mais la Brissault n'a pas voulu le permettre et M. le Chevalier de Clermont et M. d'Escars en ont fait en particulier des remerciements à cette femme, en lui disant : « Vintimille n'est pas riche pour le présent ; il gagne toujours, il est trop adroit au jeu et nous ne nous soucions pas de jouer avec lui. » Dans une autre circonstance, MM. de Cogny (1) lui en ont fait entendre autant et la Brissault a été témoin, une fois que M. de Vintimille était à souper à sa petite maison avec d'autres jeunes seigneurs et qu'ils voulurent jouer malgré elle, que M. de Vintimille gagna tout l'argent comptant et beaucoup sur la parole. C'était au quinze qu'ils jouaient, jeu bien fripon.

Le 12, M. de Morfontaine (2) a donné à souper, à sa petite maison à Pincourt, à M. le Président de Salabery, M. de Romey (3), au frère de Mme de Montregard et à un exempt des gardes du corps dont on ignore le nom, avec les demoiselles Dufort (4) sœurs.

(1) Cogny (de). — T. I.
(2) Morfontaine (de). — Le Pelletier de Morfontaine. — *Journal.*
(3) Romey (de). — T. I.
(4) Dufort, sœurs. — T. I. P. Collection Destailleur. — *Opéra*, danse.

1764, 9 mars.

Mme de Montregard est enfin parvenue à triompher de Mme de Montsauge et lui a enlevé le chevalier de Cogny. Depuis longtemps, elle ambitionnait cette conquête et elle y aurait difficilement réussi sans les persécutions de Mme de Montsauge, car le chevalier aimait de bonne foi ; mais il a avoué lui-même à ses amis que cette dame l'obsédait cruellement et lui faisait sans cesse des reproches sur ses prétendues infidélités qui n'étaient en effet que de simples coquetteries et que, fatigué d'être tracassé de la sorte, il allait profiter des avances que lui faisait Mme de Montregard, dont la façon d'aimer était bien plus commode. Aujourd'hui c'est une intrigue liée. Je doute fort de sa durée ; cependant on assure que cette dame lui a sacrifié les prétentions qu'elle avait sur le fils de M. l'ambassadeur d'Angleterre qui la pourchassait de près.

M. le marquis de Valencé (1), chambellan de Mgr le duc d'Orléans, possède enfin les bonnes grâces de Mme de Villemorien (2), épouse du fermier-général. On prétend qu'elle a même déjà fait

(1) Valencé (marquis de). — T. I.
(2) Villemorien (madame de), fille de Bouret, épouse du fermier général, remariée à Grimaldi et enfin guillotinée à Paris. — Piton. *Marly-le-Roi*, 1905.

plusieurs échappées dans son appartement, au Palais-Royal, et que c'est le tumulte du bal de l'Opéra qui en a fourni l'occasion. Il est certain que depuis cette intrigue M. de Valence a renoncé à tous les soupers clandestins qu'il avait coutume de faire.

M. Jacobleuf [Jablokoff?] connu à Paris, sous la qualité de général russien, demeurant rue et cul-de-sac Dauphin, maison d'Adeline, tient une conduite bien peu digne de lui avec une demoiselle nommée Faillon, dont j'ai donné ci-devant les aventures avec M. Mayneau (1) fils, conseiller au Parlement. Cette fille, se trouvant il y a quinze jours sans entreteneur, accepta les offres que lui fit le général russien de l'entretenir et de payer ses dettes, à condition cependant qu'elle viendrait demeurer chez lui, malgré qu'elle ait son appartement rue Montmartre ; et pour lui prouver ses procédés, il commença par lui retirer pour soixante louis d'effets qu'elle avait en gage. Cette demoiselle, en conséquence, fut avec les dits effets demeurer chez lui sur la promesse qu'il lui fit de lui donner, cependant, une honnête liberté ; mais, tout au contraire, depuis ce temps, il ne veut pas absolument qu'elle sorte, et lui a proposé de prendre avec elle des plaisirs extraordinaires. Cette demoiselle lui ayant refusé absolument de s'y prêter, il lui a dit qu'elle était bien la maîtresse de se retirer, mais qu'elle pouvait s'en aller en ca-

(1) Mayneau fils. — T. I.

saquin parce que son intention était de garder toutes ses hardes pour l'argent qu'il avait déboursé ; et, de fait, il l'a renvoyée en manteau de lit et en pantoufles et a gardé chez lui toutes ses robes et linge, montant ensemble à la valeur de mieux de 100 louis, disant qu'il ne les rendra que lorsqu'elle lui aura payé 60 et tant de louis. Dans ces circonstances, cette demoiselle se trouve fort à plaindre, n'ayant pas une robe pour se présenter. Elle avait été conseillée d'abord de s'adresser à l'ambassadeur de Russie, mais je sais qu'elle a rejeté ce conseil et que si une lettre qu'elle doit lui écrire pour réclamer ses effets ne produit rien, elle doit se pourvoir à votre tribunal.

Le fils de M. le président Dumazy vient de se charger de la demoiselle Noyan, à laquelle j'ai été chargé d'en imposer de votre ordre, Monsieur, au sujet de M. le Chevalier de Maulde, et ce, à la réquisition de la Dame sa mère qui a consenti de lui donner 10 louis d'or, le dix de ce mois, pour les frais de ses couches, provenant soi disant des faits du chevalier de Maulde. M. Dumazy lui a payé toutes ses dettes, montant à 1.800 livres, lui a donné plusieurs robes et va la meubler.

M. de Sevie, étranger, demeurant à Paris, rue de Vaugirard, au coin de celle Garancière, chez M. le marquis de Lort, a pris lundi dernier la demoiselle Fleurier, Allemande, logée rue Neuve-des-Petits-Champs, chez Dulac, parfumeur. Il lui donne 25 louis par mois et lui entretient un remise. Cette demoiselle est grande, bien faite et très aimable. M. de Mazières, fermier-général (1), allait auparavant assez souvent chez elle manger un poulet et la nourrissait d'espérances : c'est prodigieux la dépense que fait ce financier en promesses.

La demoiselle Benoist vient encore de quitter sa mère, excédée des maltraitements qu'elle en recevait, et M. de Neuville (2), gentilhomme ordinaire chez le Roi, lui a donné asile. Il est vrai que les procédés de cette mère sont incroyables. Après avoir prostitué sa fille à tous venants et être cause qu'elle a donné du mal à plusieurs honnêtes gens, entr'autres à M. Darnay, fermier-général (3), elle assomme encore cette jeune fille de coups. Il semble qu'elle est jalouse des charmes de sa fille et qu'elle voudrait la voir anéantie par la débauche. Cette jeune fille paraît cependant avoir des sentiments tout opposés ; elle ne demanderait pas mieux que de faire le bonheur d'un honnête homme et de vivre tranquille. Elle a tout ce qu'il faut pour cela ; elle est grande, bien faite, âgée de 18 ans, très blanche, blonde de cheveux, de très beaux yeux bleus, la gorge admirable et d'une figure très intéressante. Elle doit se présenter de-

(1) Mazières (de), fermier général T. I. Sa fille épouse, en 1755, J.-B. baron de Lieuray, écuyer de main de Mme Adélaïde. — Dufort.

(2) Neuville (de). — *Journal*.

(3) Darnay. – Cf. Caraman. *Fermiers généraux*.

main à votre audience, Monsieur, et réclamer
votre protection contre les vexations de sa mère.

Soupers.

1764, mars.

Le 2 de ce mois, M. de Coloredo a soupé chez
la demoiselle Parmentier (1), rue de Bourbon, à la
Ville-Neuve.

Ledit jour le comte Descars a soupé et couché
chez Brissault avec la dame Saint-Gerand (2).

Le 4, M. Langlois et M. de Forceville (3) ont
soupé chez la demoiselle Parmentier.

Le Président de Salabery a soupé le sept de ce
mois chez la demoiselle Létoile.

Le 8, M. de Barbental (4) a soupé chez Brissault
avec la demoiselle Létoile.

1764, 16 mars.

M. le marquis de Vibray (5), colonel d'un régiment de cavalerie de son nom, vient de se charger

(1) Parmentier. — T. I.
(2) Saint-Géraud. — T. I.
(3) Forceville (de). — T. I.
(4) Barbental. Barbentane (de). — *Journal*, 109.
(5) Vibray (Hurault, marquis de). — *Merc. de France.*
— Dufort.

de la demoiselle Lafond, danseuse à la Comédie-Italienne ; il lui donne vingt-cinq louis par mois et lui a augmenté son mobilier de quelques diamants. Cette demoiselle, en faveur de cette intrigue, a prié M. Saimson, qui la guerluchonnait depuis quelque temps, de se retirer tout à fait. M. de Vibray a paru sensible à ce sacrifice et s'imagine qu'elle lui est fort attachée ; cependant je sais que depuis sa liaison avec elle, elle a accepté une passade avec M. le comte de Rochefort, moyennant dix louis.

M. le comte de Bintheim s'était brouillé le lundi gras dernier avec la demoiselle Le Clair qui avait quitté le Bal de l'Opéra pour aller coucher avec le Chevalier de la Mothe. Mais cette demoiselle qui n'ignore pas combien M. le Comte a de faiblesse pour elle, lui a fait à plaisir une histoire sur sa disparition qu'il a reçue volontiers, à la charge, cependant, qu'elle n'aurait plus de fréquentation avec le Chevalier. Cette demoiselle n'a eu garde de se refuser à un traité si honnête. Elle sait trop combien il est difficile aujourd'hui de trouver un entreteneur qui ait des procédés tels que ceux de M. le Comte ; il donne exactement cinquante louis par mois, une loge à la Comédie-Italienne, fait souvent de riches cadeaux et est, par-dessus tout cela, l'homme du monde le plus facile à tromper, ce qui fait que nos plus jolies femmes dans ce genre, désirent avec empressement de faire sa conquête ; mais il n'y a rien à faire pour elles ; la seule Le Clair a trouvé le moyen de le captiver et il avoue lui-même que cette fille lui est absolument nécessaire et que, sans elle, il ignorerait les plaisirs. Aussi, profite-t-elle bien fort de cet ascendant, et pour ne rien changer aux conditions du raccommodement, elle a renvoyé effectivement le Chevalier de la Mothe, mais dès le même jour elle l'a fait remplacer par le Chevalier de Pienne (1), jeune homme fort aimable de figure et connu pour être un gros joueur.

La demoiselle Guimard (2), danseuse à l'Opéra, est entretenue aujourd'hui par M. de la Borde fils (3), valet de chambre du Roi, et par le vicomte de Sabran (4). Presque tous les jours, ce dernier soupe avec elle à l'insu de M. de la Borde, qui la croit entièrement à lui. La petite Louison, pendant ce temps-là, fond en larmes et elle est dans la situation du monde la plus triste. Elle est accouchée cette semaine, certainement des faits de M. de Sabran, et sans en être touché, malgré tout l'amour qu'il sait qu'elle a pour lui, il l'abandonne et la laisse manquer de tout. C'est M. de Chateau-Renard (5) qui, touché de son état, lui envoie charitablement les choses dont elle peut avoir besoin et qui lui fournit de quoi mettre le pot-au-feu, le tout sans prétentions, du moins pour le moment, car elle ne respire encore que pour son infidèle.

(1) Pienne (chevalier de).—T. I. Joueur de profession.
(2) Guimard. — T. I.
(3) Borde (de la) fils. — T. I.
(4) Sabran (vicomte de). — T. I.
(5) Château-Renard (de). — *Journal.*

Si les femmes sont perfides, les hommes ne le sont pas moins.

La demoiselle d'Egland (1), actrice à la Comédie-Italienne, à l'insu de M. le président de Marigny, conserve toujours l'amour le plus violent pour M. de Katinsky, secrétaire de l'ambassade de Russie, qui l'aime avec la même ardeur. On dit même qu'il est question entre eux de mariage. Certainement, si elle faisait une bonne affaire, le public en serait charmé, car elle a su gagner son estime et son amitié.

M. Mariette, conseiller correcteur à la Chambre des Comptes, vient de prendre à ses appointements la demoiselle Haute, native de Paris, âgée de 17 ans, grande, bien faite et très jolie. Sa mère consent à cette intrigue et elle demeure avec elle, rue Saint-Roch, chez le marchand de vin. Son père est mort ; il était commis à l'Ecole militaire. M. Mariette lui donne quinze louis par mois sans les ajustements. Cette demoiselle paraît fort aimable, et c'est sa première aventure.

La dame Desbars, femme veuve d'un homme intéressé dans différentes affaires, ayant l'air d'avoir reçu une très bonne éducation, âgée de 28 ans, grande, bien faite, d'une figure agréable et d'un maintien fort honnête, de laquelle j'ai eu occasion de parler l'été dernier au sujet de

(1) Desgland. — P. Collection Destailleur. BN.

M. Niklé, Anglais, qui lui donnait 40 louis par mois, et qu'elle a conservé jusqu'au moment qu'il est retourné en Angleterre, vient d'accepter les offres de M. Isnard (1), ci-devant intendant de M. d'Argenson. Il lui donne vingt-cinq louis par mois sans les cadeaux. Cette dame est très bien meublée et demeure rue du Mail.

Soupers.

Le 9 de ce mois, M. le comte de Rochefort a soupé chez lui avec la demoiselle Desforges (2) des Italiens, entretenue par M. de Pressigny (3). Cette demoiselle a rapporté 20 louis de sa complaisance.

Le 10, M. Damer, Anglais, a soupé chez la dame de Saint-Gérand.

M. Croffort (4), Anglais, a soupé le 10 chez Brissault avec la demoiselle Benoîst.

(1) Isnard. — T. I.
(2) Desforges. — T. I.
(3) Pressigny (de). — T. I.
(4) Crawford ou Crawfurd. — Quintin Crawfurd, né à Kilwinnink (Ecosse), le 22 sept. 1743, mort à Paris, le 23 novembre 1819, âgé de 76 ans et quelques mois. Venu en France et à Paris, vers 1780, il rassembla dans son hôtel des objets d'art, des bibelots, etc., et recevait chez lui les ambassadeurs et les étrangers de distinction, les savants, les gens de lettres et les artistes. Il était ami de la famille royale, et la voiture

Le 11, M. Joinville (1) a soupé au même lieu avec la demoiselle de Saint-Yon.

Le 12, M. le comte de Rochefort a soupé chez lui avec la demoiselle Marquise des Italiens (2).

Le 13, M. le duc de la Trémouille (3) a soupé à sa petite maison à la Nouvelle-France avec la demoiselle Durfay (4).

qu'on avait fait établir exprès pour le voyage de Varennes resta déposée chez lui, rue de Clichy, plusieurs jours avant le départ. Lors du retour de Varennes, il était à Bruxelles ; il ne revint à Paris qu'en décembre 1791 et y resta jusqu'au milieu d'avril 1792. Il se rendit ensuite à Bruxelles, à Francfort, à Vienne et ne revint à Paris qu'à la paix d'Amiens (25 mars 1802). En 1810, ami du pouvoir nouveau, il rendait visite à Joséphine, à la Malmaison. Il avait acheté une maison à Marly-le-Roi et sa femme était marraine d'une cloche de l'église (Anne-Eléonore Franchi). Sous la restauration, il passait en Angleterre et ne revint à Paris qu'en 1817. Il a publié les *Mémoires* de Mme du Hausset, dans la *Biblioth. des mémoires relatifs à l'hist. de France pendant le* XVIIIe *siècle*, de F. Barrière. T. III, Paris, 1846.

En 1808, Crawford possédait, à Paris, l'hôtel de Monaco, rue de Varenne, et une collection de tableaux. *Lettres sur Paris*, par K. G. de Berckheim, Paris, 1806-1807.

(1) Joinville. Jonville (de), maître des requêtes. — *Journal.* — T. I.

(2) Marquise. *Journal.*

(3) Trémouille (duc de la). — T. I.

(4) Durfay. — Durfé. — *Journal.*

1764, 23 mars.

M. le Prince de Marsan (1) fréquente toujours Mme Miton de Senneville (2). Cependant, il a témoigné à la demoiselle Suavy (3), Italienne, le plus grand empressement de la connaître ; il lui avait même envoyé pour la décider en sa faveur, une obligation de 3.000 livres, mais cette demoiselle, toujours amoureuse du chevalier de Marigny (4), a répondu au prince, en lui renvoyant son effet, qu'elle ne pouvait pas accepter ses offres et qu'elle était fixée. Le Chevalier a été enchanté de ce sacrifice. Cette demoiselle se soutient ici avec les bienfaits du prince Oronzow, russien avec lequel elle a vécu, et qui lui envoie encore tous les ans 12.000 livres. Je ne connais point à cette demoiselle d'autres intrigues pour le moment.

M. le chevalier de Lude, après avoir vu plusieurs fois en passade la demoiselle Parmentier, s'est déterminé à l'entretenir ; mais comme il est rare aujourd'hui qu'un seul homme puisse fournir aux dépenses de ces demoiselles, il la laisse libre de ses actions et le chevalier de Vibray défraye la petite oie.

(1) Marsan (Prince de), ci-devant prince de Turenne.
(2) Miton de Senneville (Mme). — *Journal.*
(3) Suavy. — Suavi. *Journal.*
(4) Marigny (chevalier de). — T. I.

Soupers.

Le 16, M. de Barbanson (1) a soupé avec la demoiselle Benoist, chez Brissault.

M. Craffort et Milord Hinchingbrook ont soupé, ledit jour, chez la demoiselle Marquise des Italiens et la demoiselle Tourville s'y est trouvée.

Le 17, M. Wlietsz et deux autres de ses amis ont dîné chez Brissault avec les demoiselles Létoile, Benoist et Beausan.

Ledit jour, M. Craffort, Anglais, a soupé avec la demoiselle Létoile.

Le 18, M. Damer, Anglais, a soupé chez la dame Saint-Gérand.

Le 19, M. Langlois, M. Boula de Charny ont soupé chez la demoiselle Saint-Yon avec la demoiselle Létoile.

Le 21, M. le président d'Aligre (2) a donné à souper chez lui à M. de Villemur (3) et à M. Bégon (4), avec les demoiselles Benoist et Létoile.

Le 22, les deux messieurs de Clermont, le marquis de Boussol (5), le chevalier de Vibray et le chevalier de Fitz-James (6) ont soupé chez Bris-

(1) Barbanson (de). — Du Prat de Barbanson. — *Merc. de France.*
(2) Aligre (Président d'). — *Journal.*
(3) Villemur (de). — T. I.
(4) Bégon. — *Journal.*
(5) Boussol. — Bouzols (de). — T. I.
(6) Fitz-James (chevalier de). — T. I.

sault avec la dame Saint-Gérand, les deux demoiselles Dufort et la demoiselle Benoist.

1764, 30 mars.

M. le maréchal d'Estrées (1), malgré les infir-
mités qui l'affectaient à l'approche de la dernière
campagne, s'occupe encore aujourd'hui d'intrigues
amoureuses et Mme la maréchale (qui l'aurait jamais cru?) s'avise d'en être jalouse et en témoigne
beaucoup d'inquiétude, car elle a envoyé cette semaine un homme chez moi pour m'engager à
faire observer la conduite de son mari. Je me suis
dispensé de cette commission en faisant réponse
qu'il fallait au préalable, Monsieur, s'adresser à
vous ; sur quoi, il m'a été répondu qu'il fallait,
dans ce cas, n'en plus parler, parce que Mme d'Estrées serait au désespoir de donner rien à connaître.
Mais pour moi, je n'ai point laissé tomber cet avis
et je me suis intrigué pour savoir ce qui occasionnait les soupçons de cette dame et j'ai découvert
que le vrai motif était que M. le maréchal rendait
des soins très assidus à Mme la marquise de Saint-
Chamand, femme du lieutenant-général des armées du Roy, demeurante petite rue des Marais,
faubourg Saint-Germain, et que cela donnait beaucoup d'humeur à Mme d'Estrées, car les femmes
n'aiment jamais à être négligées, telles coquettes
qu'elles puissent être. Effectivement, le fait est

(1) Estrées (maréchal d'). — *Journal.*

vrai ; quand M. le maréchal est à Paris, il va tous les soirs chez Mme de Saint-Chamand. Du règne de M. Bertin (1), j'ai eu occasion de parler de cette dame. Elle fit alors une passade chez la Préville (2), femme du monde, qui demeurait rue Mazarine, avec un chevalier de Saint-Louis dont il ne me fut pas possible alors de savoir le nom, et qui avait demandé à la Préville de lui prêter un appartement pour y voir commodément une dame de condition. J'en fus instruit alors, le rendez-vous eut lieu et, à la sortie, je suivis moi-même cette dame qui fut reconnue pour être Mme de Saint-Chamand. Elle demeurait alors rue Jacob.

M. le prince de Condé (3) ne voit plus absolument Mme de Roncherolles, mais comme il faut à cette dame un amusement de cœur, M. le comte de Cucé (4), maître de la garde-robe du roi, prend le soin de la distraire du chagrin qu'elle a de la perte de son Altesse. Il m'a été dit que le Prince ne l'avait négligée que parce que son mari en avait eu quelques soupçons, ce qui le forçait à prendre des précautions, qui, à la fin, l'avaient dégoûté de cette intrigue.

(1) Bertin. — T. I.
(2) Préville (la). — T. I.
(3) Condé. Louis-Joseph de Bourbon, prince de Condé, le chef de l'émigration, 1736-1818. T. I.
(4) Cucé (de). Louis Bruno de Boisgelin de Cucé, d'abord comte de Cucé, puis comte de Boisgelin, épousa, en 1760, Julie de Boufflers, sœur du chevalier. — Dufort.

M. le comte de la Marche, présentement désespère d'amener à bien Mme d'Espars. Il a tenté inutilement la fidélité du nommé La Chapelle, son laquais, pour remettre une lettre à sa maîtresse. Ce garçon a refusé constamment de s'y prêter, et M. le comte de la Marche, en outre, m'a dit qu'il la croyait en intrigue avec M. le prince de Conti (1) et que certainement La Chapelle était vendu à ce Prince, qu'il avait vu un de ses agents sortir d'un cabaret avec lui. Il y a bien quelque vraisemblance à cela, car Mme d'Espars, depuis que son mari est parti pour son régiment, ne manque pas d'aller souper deux fois par semaine au Temple.

Mme la marquise de Saint-Simon goûte aujourd'hui la fraîcheur de la jeunesse et c'est le petit Mailly (2) qui s'est chargé de lui procurer cette rosée. Il en est tout glorieux et s'en vante hautement ; lorsque ses amis, dans les foyers des spectacles, l'invitent à quelques parties, il s'en excuse par les soins qu'il est obligé de rendre à cette dame.

La demoiselle Arnoult (3), de l'Opéra, en attendant qu'elle puisse goûter tranquillement les fruits

(1) Conti (prince de). — T. I.
(2) Mailly (de). — T. I.
(3) Arnoult Sophie. — T. I. — Sophie Arnoult mourut en 1802, d'un squirrhe au rectum. Elle disait : « Faut-il que je paie maintenant pour faire voir cette chose-là, tandis qu'autrefois... »

de sa prétendue passion pour M. de Lauraguais (1), s'exerce tant qu'elle peut et on peut dire qu'elle profite bien des ménagements que ce seigneur est forcé aujourd'hui de garder avec sa famille. Le prince de Conti en use quelquefois et M. de Chamborant (2), colonel d'un régiment de hussards, est chargé de la tenir en haleine. Certainement, elle ne pouvait mieux s'adresser, car il a bien l'air d'un payeur d'arrérages. Le petit Saimson fait aussi la roue autour d'elle depuis qu'il a été éconduit par les demoiselles Lafond et Le Clerc.

M. le comte de Bintheim entretient toujours la demoiselle Le Clerc, mais il paraît qu'il a le cœur bien ulcéré de toutes les infidélités qu'elle lui fait journellement et qu'il ne demande qu'à s'en détacher, car lundi dernier, il fut rendre visite à la demoiselle Tourville, figurante dans les ballets des Italiens, et lui offrit de prendre des arrangements avec elle si elle voulait quitter un petit danseur qu'elle a pour guerluchon, et pour arrhes de sa parole, il lui fit présent de 25 louis. Cette demoiselle a accepté le cadeau et lui a demandé quelques jours pour faire ses réflexions. Cette fille n'imaginait pas certainement, lorsque le Sʳ Belgarde, volontaire de hussards, connu pour un si

(1) Lauraguais. — T. I.
(2) Chamborant (de). — *Merc. de France.* — André-Claude de Chamborant avait acheté, en 1761, un régiment de cavalerie hongroise qui s'appela Chamborant et devint, dans la suite, le 2ᵉ hussards français.

mauvais sujet, la faisait marcher à l'ombre de sa lame, qu'un jour, de grands seigneurs viendraient composer avec elle et lui donneraient 25 louis pour attendre son caprice. Il est vrai que présentement qu'elle est un peu décrassée, elle peut passer pour une jolie femme.

1764, 6 avril.

M. Bertier de Sauvigny (1), intendant de Paris, depuis le mariage de monsieur son fils, a quitté la demoiselle Olimpia, avec laquelle il vivait depuis plusieurs années. Il lui a donné pour retraite 12.000 livres qu'elle a placées en rente viagère, ce qui lui fait 2.400 livres de revenu parce qu'elle avait déjà 1.200 livres de rente. Il paraît que cette demoiselle est décidée à ne point faire d'autre .inclination, cependant, elle est encore fort aimable, remplie de talents, âgée tout au plus de 30 à 32 ans, mais elle dit qu'elle aime la vie tranquille. Elle demeure toujours rue des Moulins, dans un appartement très bien meublé, et son mobilier ne laisse pas que d'être considérable.

M. de Chalut (2), brigadier des armées du Roi, maître d'hôtel ordinaire de la maison de la Reine, entretient, sur le pied de 25 louis par mois, la de-

(1) Bertier de Sauvigny. T. I.
(2) Chalut (de). — *Merc. de France.* — Parent (?) de Chalut de Verin, fermier général.

moiselle Verdault (1), figurante dans les ballets de la Comédie-Italienne, et comme le service de M. de Chalut le retient à Versailles cinq jours de la semaine, cette fille profite de ce temps pour le tromper indignement en allant se prostituer journellement chez la Darigny et elle donne toutes les nuits à un petit danseur des Italiens. Voilà 25 louis bien employés !

M. de Croffort, Anglais, a subjugué M. de Pressigny, fils de M. de Maison rouge, qui entretenait la demoiselle Desforges, qui danse seule aux Italiens. Cet Anglais a beaucoup d'or et cette demoiselle n'a pu résister à son éclat. Il lui donne 30 louis par mois et se charge de toute la dépense de sa maison et de sa garde-robe. Elle fera bien d'en tirer promptement tout ce qu'elle pourra, car cet Anglais ne lui est pas foncièrement attaché ; au contraire, je sais qu'il est très amoureux de la demoiselle Lafond, du même spectacle, et pour la réduire à ses intentions, il lui fait offrir 50 louis par mois et 200 louis de pot-de-vin. La demoiselle Lafond n'a garde de refuser des offres si brillantes, mais elle le file encore quelques jours parce que M. de Vibray, avec qui elle vit présentement, doit partir pour se rendre à son régiment, qu'elle en attend un cadeau, et qu'il passe en outre pour être un peu brutal avec une maîtresse infidèle.

La demoiselle Testar va de mieux en mieux.

(1) Verdault. — T. I.

Elle vient de captiver un riche négociant de Bordeaux nommé M. Perault. Il lui donne 25 louis par mois, un carrosse de remise tous les jours et lui a fait présent de plusieurs belles robes. Cette demoiselle est fort liée avec une autre demoiselle nommée Jonval, qui vit avec M. de Razilly (1), capitaine aux Gardes-françaises, dont j'ai donné les aventures il y a environ un an. Il est même étonnant qu'elle puisse s'accorder avec la Testar, car elle est fort sage et fort décente et le bruit court que M. de Razilly pourrait bien faire la folie de l'épouser.

M. le comte de Rochefort, le 30 mars dernier, a fait un souper avec la demoiselle Mimi (2), de l'Opéra, et moyennant 12 louis il l'a réduite à discrétion. C'est sans contredit la plus jolie figurante des ballets de ce spectacle. Il faut croire que toutes nos demoiselles regardent M. de Rochefort comme un puits d'or, car les plus élégantes lui font des avances. La demoiselle Dornay, figurante à l'Opéra, est de ce nombre, malgré qu'elle soit très bien entretenue par M. de Fontanieu fils (3), intendant du garde meuble de la Couronne, et elle doit avoir soupé avec lui, hier, cinq du présent. Mais toutes ces demoiselles se trompent ; M. de Rochefort ne veut plus entretenir ; il aime mieux se procurer, à ce qu'il dit, les maîtresses des autres, moyennant quelques louis une fois payés, et

(1) Razilly (de). — *Journal.*
(2) Mimi. — *Journal.*
(3) Fontanieu (de) fils. — T. I.

de cette façon il ne se ruinera pas, car elles sont à
bien bon marché.

Soupers.

M. de Vintimille, le comte d'Escars, M. de Lusignan, et M. le chevalier de Cogny ont soupé le
30 mars chez Brissault avec les demoiselles Tourville et Benoist et, après, ils ont voulu envoyer
chercher des cartes pour jouer, mais la femme
Brissault s'y est absolument opposée. Ils lui en
ont témoigné beaucoup d'humeur et se sont retirés
sans la payer. Cependant M. de Vintimille est revenu quelques jours après la satisfaire en lui disant qu'ils ne reviendraient plus chez elle. La
Brissault lui a répondu qu'elle aimait mieux être
privée de leur compagnie que de les voir s'écraser
entre eux, parce que sa maison n'était point une
académie de jeu. Cette femme m'a dit que le jour
du souper ils étaient tous remplis d'or et que leur
projet était de s'en bien donner, que le chevalier
de Cogny, à cet effet, avait éludé, sous prétexte
d'affaire, de rester à Choisy où le roi comptait
qu'il souperait, et que n'ayant pu jouer chez elle,
ils avaient été chez M. de Lusignan.

Le 31 mars, M. Damer, Anglais, a soupé avec la
demoiselle Durfort, chez elle.

Le 1er d'avril, M. d'Epinay (1), ci-devant fer-

____

(1) Epinay (d'), fermier général. — *Journal.*

mier général, a soupé chez Brissault avec la demoiselle Benoist.

Le 3, M. de Persennat (1) a soupé chez la demoiselle Maisonville, rue Neuve-Saint-Eustache.

Le 4, M. Randon (2) a soupé chez la demoiselle Benoist, rue Mauconseil.

Depuis huit jours la demoiselle Pagès, la cadette, dite Deschamps (3), est rendue au monde. Voici son histoire au vrai. Cette demoiselle, il y a environ cinq ans, vivait avec M. le marquis de Banderolle (4), qui lui faisait mener une vie très dure et qui voulait, en outre, qu'elle eût la complaisance, ainsi que son laquais, de se prêter à son goût antiphysique pour les plaisirs ; de pareils procédés lui inspirèrent de l'horreur et un dégoût du monde. Elle communiqua sa façon de penser à une vieille gouvernante qui était auprès d'elle, dont les principes étaient suivant la religion et qui crut faire une action méritoire devant Dieu d'en parler à son confesseur pour l'engager à employer son ministère pour retirer cette jeune fille du naufrage. Ce prêtre, rempli de zèle, en parla à Mme la duchesse de Nivernois (5) qui lui offrit tous les

(1) Persennat, personnage saxon ?

(2) Randon d'Hannencourt (Jean-Antoine) ou son fils, Jean-Ferdinand-Elie, chevalier, receveur de la généralité de Poitiers. — Dufort.

(3) Deschamps (Marie-Anne Pagès, dite) danseuse. — Campardon. *Opéra*, I, 228.

(4) Bandolle (marquis de). — T. I.

(5) Nivernais (duchesse de). — T. I.

secours nécessaires pour cette bonne œuvre. La petite Deschamps fut endoctrinée en secret, et à l'insu de M. de Banderolle, elle prit la fuite de chez lui, pour se rendre aux Carmélites du faubourg Saint-Jacques. M. de Banderolle remua ciel et terre pour la retrouver et, enfin, s'adressa à M. Bertin (1), alors lieutenant-général de police. Je fus chargé d'en faire la recherche et je parvins à savoir sa retraite. J'en rendis compte à ce magistrat qui approuva les vues de Mme de Nivernois et qui, je crois, fit entendre à M. de Banderolle qu'elle allait prendre le voile, et que c'était un parti pris. Mais la duchesse craignant les persécutions de M. de Banderolle, l'envoya dans un autre couvent, à dix-huit lieues de Paris, et au bout de quelques mois, elle la fit passer à Ligny, près de Bar-le-Duc, dans un couvent dont la supérieure était à sa dévotion et où elle a resté quatre ans.

Il y avait dans ce pays un jeune homme nommé Le Page, officier réformé du régiment de Conflans, qui avait accès dans ce couvent. La demoiselle Deschamps lui plut, il la demanda en mariage et en écrivit à Mme de Nivernois qui répondit que si le prétendu était un bon sujet, elle y consentirait volontiers et qu'elle donnerait pour dot à sa protégée huit mille livres et un trousseau convenable. Mais les informations n'ayant point été

(1) Henri-Léonard-Jean-Baptiste Bertin, 1719-1792, lieutenant de police en 1757, puis en 1759 contrôleur général en remplacement de Silhouette. — Dufort.

4

favorables à ce jeune homme, ce mariage n'eut point lieu et la demoiselle Deschamps, qui commençait à se lasser de la vie cloîtrée, écrivit à Mme la Duchesse qu'elle la suppliait instamment de la retirer du couvent et de la faire revenir à Paris pour l'employer à ce qu'elle voudrait. La Duchesse y consentit, et, arrivée à Paris, elle lui proposa de trois choses l'une : la première, de passer toute sa vie dans un couvent ; la deuxième, d'entrer en métier et de s'y conduire en honnête fille ; la troisième, de l'abandonner à son malheureux sort. Elle choisit d'apprendre un métier, mais ce n'était que pour la frime, ainsi qu'on va le voir, car, en conséquence de cette option, la Duchesse la fit entrer en apprentissage chez une fameuse raccommodeuse de dentelles où elle payait pour elle une bonne pension. Au bout d'un mois elle se dégoûta de cette profession, et s'est en allée de chez cette ouvrière en manteau de lit simplement, sans avertir personne et a été se réfugier rue Saint-Sauveur, en chambre garnie, sous le nom de Renaud, où elle a resté plusieurs jours sans manger, n'ayant pas le sol. Le cinquième jour, étant à sa fenêtre, elle vit passer le complaisant Donadieu, maître d'armes, qui la reconnut. Il monta chez elle ; elle lui fit le récit de ses aventures et de sa situation présente. Il lui dit qu'il allait tout de suite en informer M. Brissard, fermier général (1), qui avait mangé des sommes

(1) Brissart (Auguste-Louis-Simon), fermier général

immenses avec sa sœur, qu'il ne doutait pas qu'il
lui envoyât des secours. Effectivement, M. Brissard ayant été instruit par Donadieu, lui fit remettre sur le champ 12 louis d'or et ordonna à
une couturière de lui faire une robe et de lui fournir
du linge, bas et souliers, qu'il a payés sans aucune
vue particulière. De son côté, la demoiselle
Deschamps avait écrit à M. le Normand, fermier général, qui l'a connue avant qu'elle fût à
M. de Banderolle, mais loin de se piquer de
générosité à son égard, il ne lui a rien envoyé et
l'ayant aperçue dernièrement à la Comédie Italienne, il a eu l'air d'insulter à son infortune en
ricanant et en plaisantant avec ses amis de la lettre
qu'elle lui avait écrite. Cette petite disgrâce n'a
point abattu cette demoiselle. Avec les secours de
M. Brissard, elle a pris une chambre garnie plus
honnête, rue Traversière; elle se montre tous les
jours à la Comédie-Italienne. Elle espère rentrer
après Pâques à l'Opéra où elle a été ci-devant figurante dans les ballets, et elle compte assez sur ses
charmes pour faire autant de bruit dans le peuple
galant que feue sa sœur.

La duchesse de Nivernois, indignée de sa fuite,

(1754-1762), fils de Brissart Jacques, fermier général
(1737-1753).

Brissart fils fut rayé des contrôles par Laverdy,
contrôleur général, à cause de son luxe insolent. Il
avait épousé Henriette-Charlotte de la Borde, fille du
fermier général, qui fut la maîtresse de Dufort de
Cheverny.

a pris le parti de l'abandonner à son malheureux sort.

La demoiselle Suavy a toujours beaucoup de penchant pour le chevalier de Marigny, mais ses finances s'en trouvent un peu dérangées, et elle s'étudie pour les rétablir à dégourdir tant qu'elle peut milord Hervé Haston. Cet Anglais paraît bonne personne, et il passe pour être fort en argent comptant. Je sais aussi que les intentions de cette demoiselle, lorsqu'elle aura fait recrue d'espèces, sont de s'en aller à Parme où elle espère être très bien reçue. Effectivement, elle est en correspondance de lettre avec le commandant de cette place et dans toutes celles qu'elle reçoit de lui, il y a presque toujours quelques lignes de la main propre de Don Philippe. Dans la dernière qu'elle a reçue de ce commandant, en réponse de son portrait qu'elle lui a envoyé, il lui marque que le Prince en le voyant l'a baisé avec transport en lui disant mille choses flatteuses ; mais comme cette demoiselle aime à paraître avec éclat, elle veut, avant de partir pour ce pays, être en gros fond et outre ce que ses charmes lui procureront, elle vendra encore ses meubles dont elle tirera bien au moins mille louis d'or. Le chevalier de Marigny n'est pas trop content de ses arrangements, mais comme ce n'est pas lui qui fournit aux appointements, il est obligé de tendre le dos et de céder, en attendant, la place à milord Hervé Haston.

M. le comte de Rochefort met tout en usage pour

enlever la demoiselle Royan à M. Dumazy, fils du
Président. Il lui offre 200 louis comptant, 25 louis
par mois, une voiture à ses ordres et de la meubler
splendidement pour la dédommager des meubles
que lui a donnés M. Dumazy et qu'il veut qu'elle
lui rende. Cette demoiselle est encore indécise
parce qu'elle aime M. Dumazy, malgré qu'il la
traite durement et qu'il soit assez fat pour croire
que toutes les femmes doivent l'adorer. Mais elle
a grand tort de ne pas saisir cette occasion, car
M. de Rochefort pourrait bien trouver à s'arranger
ailleurs. En outre, il est connu pour avoir comblé
toutes les femmes avec lesquelles il a vécu.

                              1764, 4 mai.

M. de Breget (1), doyen des conseillers du grand
Conseil, a totalement abandonné à M. le comte de
Vaulgrenant (2) la demoiselle Desert dite La
Ferrière (3), ci-devant figurante dans les ballets
de l'Opéra, pour laquelle il a dépensé des sommes
immenses qui ont considérablement dérangé sa
fortune. Il achève, depuis six mois, de se ruiner
avec la demoiselle Wolf, qui demeure rue Poupée.
A la vérité, elle est beaucoup plus aimable que
La Ferrière et moins perfide, mais elle le mène au
moins aussi vite du côté de la dépense et ne lui

(1) Breget (de). T. I.
(2) Vaulgrenant (comte de). — *Journal.*
(3) Desert, dite La Ferrière. — *Journal.*

                                        4*

associe qu'un petit guerluchon nommé Girault,
employé aux fermes. On dit que M. Breget n'en
ignore point et que se rendant justice (vu son
grand âge) c'est de convention avec lui, au moyen
de quoi le ménage est tranquille.

M. de Gourgue (1), conseiller du Parlement, demeurant rue Saint-Louis au Marais, vit depuis un
mois avec une jeune fille nommée Banse, dont la
mère est cardeuse de matelas. Elle demeurait ci-
devant, rue des Moineaux, à la Butte-Saint-Roch,
avec sa mère et allait de temps en temps faire
quelques passades chez la femme Eudes, rue du
four Saint-Honoré, tenant en garni l'hôtel de la
Chesnay. M. de Gourgue l'a mise dans une petite
maison qu'il a louée à la Courtille et qu'il lui a
meublée très proprement. La mère d'abord demeurait avec elle, mais il l'a obligée de la renvoyer
et n'a conservé auprès d'elle qu'un de ses cousins
qui lui sert de domestique. Ce petit ménage, sans
les cadeaux, lui coûte quinze louis par mois. Cette
jeune fille est très jolie et promet de le devenir
encore davantage, car elle n'a tout au plus que
seize ans.

La demoiselle Harsan, âgée de 25 à 26 ans,
grande, bien faite, d'une très jolie figure, brune de
cheveux, blanche de peau, la gorge admirable,

(1) Gourgues (Armand-Guillaume-François de), président de la Grand'Chambre depuis 1763, guillotiné le
20 avril 1794.

mais très bornée du côté de l'esprit, native de Lille, en Flandre, fille d'une blanchisseuse, demeurante rue Meslé, chez le sieur Lorrain, sculpteur, vient de trouver une bonne aubaine en la personne de M. Pagot, de Bordeaux, à Paris depuis quatre ans, et connu pour avoir payé fort cher, il y a environ deux ans, le pucelage éventé de la demoiselle David, figurante dans les ballets de la Comédie-Française, qui, depuis quatre ans, circule dans toutes les maisons de débauche. Cependant, ce personnage a au moins cinquante ans, mais il a le malheur de ne s'y connaître pas mieux. Quoi qu'il en soit, la demoiselle Harsan, sans avoir joué avec lui la Pucelle, en tire un bon parti ; depuis quinze jours il lui a donné six couverts d'argent, plusieurs robes, augmenté son meuble et 2.600 livres d'argent comptant pour acquitter les dettes qu'elle pouvait avoir, plus 1.000 livres par mois pour son entretien courant. On prétend que ce M. Pagot jouit au moins de 30.000 livres de rente et qu'il a beaucoup d'argent comptant.

M. Macartenay (1), Anglais fort aimable et ayant tout à fait l'air français, fait aujourd'hui le caprice de Mme l'ambassadrice d'Hollande, qui demeure petite rue des Marais, faubourg Saint-Germain, et en faveur de cette passion, il ne va plus du tout chez Brissault.

Le chevalier Echlin, autre Anglais, par le canal

(1) Mac Carthenay. — Mac Cartney. — *Journal.*

du petit Saimson, a pris arrangements avec la demoiselle Lafond, attachée au spectacle des Italiens. Il lui donne trente louis par mois et paie en outre la dépense de la table. Saimson a cru devoir prendre ce parti, n'ayant plus le moyen de fournir aux appointements de cette demoiselle, sa famille l'ayant fait interdire et ne lui donnant que trois cents livres par mois pour toute sa dépense ; mais la demoiselle Lafond, reconnaissante de l'argent qu'il a mangé avec elle, partage avec lui sa table, son lit et sa bourse, et l'Anglais n'en fait pas plus mauvaise mine et paie très exactement les honoraires.

Soupers.

Le 27 avril, la demoiselle Julie (1), de chez la Hecquet, a été souper et coucher dans la petite maison de M. le marquis de Chabot (2), passé la barrière de Charonne. Le 29, elle y a encore été coucher avec lui.

Le 28, M. de Vintimille, le comte d'Escars, le chevalier de Modène, le comte de Mortemart ont soupé chez Brissault avec les demoiselles Maison-ville et Benoist ; ensuite, ils ont été jouer chez l'un d'eux.

(1) Julie. — T. I.
(2) Chabot (marquis de), grossier personnage. — *Journal.* — Genlis (Mme de). *Mémoires,* IV, 343. — Capon. Les *Petites maisons.* C'est lui qui était le *Mentor* de Philippe-Egalité ; et quel triste Mentor !

Le 28, M. Roulié d'Orfeuil (1) a soupé avec la petite La Croix (2), de retour de Londres depuis peu.

Le 2 mai, M. Damer a soupé chez la demoiselle Parmentier.

Le dit jour, le comte d'Usson (3) a soupé chez Brissault avec la demoiselle Benoist.

1764, 11 mai.

Le prince de Repnin (4), ci-devant ambassadeur de Russie pour l'Espagne, est depuis quelque temps de retour en cette ville. Il paraît que du côté des plaisirs, il suit toujours ses anciens errements, et aussitôt son arrivée, il a été visiter le sérail de la dame Hecquet. La demoiselle Famfalle, l'une des prêtresses de ce temple et veuve du sieur Pommard, qui est heureusement parti pour l'Angleterre, est celle qui a captivé le cœur de son Excellence. Journellement, il l'envoie prendre dans son carrosse pour venir souper chez lui, ou il va souper avec elle, à la petite maison de la Hecquet, qui, de toutes façons, y trouve très bien son compte, car il paie bien. La demoiselle Famfalle espère qu'il se déterminera à la retirer et à l'entre-

(1) Roulié d'Orfeuille. — T. I.
(2) Lacroix. — T. I.
(3) Usson (le comte d'). — T. I.
(4) Repnin (Nicolas Vasiviliévitch) (1734-1801). Il devint feld-maréchal. — *Journal*.

tenir ainsi qu'il a fait à son premier voyage à Paris en faveur de la demoiselle Létoile, dont il avait fait choix dans la même maison et qu'il voulait emmener avec lui en Espagne. C'est la même qu'on voit circuler aujourd'hui chez Brissault.

Dimanche dernier, M. le marquis de Marigny a fait venir chez lui la demoiselle Dufort, cadette, qui est sans contredit une bien jolie fille. Cette demoiselle a été fort contente de lui, et elle m'a dit que sans sa robe de chambre de deuil, elle ne se serait pas aperçue de son chagrin.

M. Ilsilrich, Anglais, logé rue Dauphine, à l'hôtel de Luynes, a quitté la petite Marquise (1), figurante aux Italiens, qui a été aussi renvoyée de ce spectacle malgré que le maître des ballets en était fort content, mais M. de la Ferté (2) l'a accusée d'avoir voulu débaucher Pantalon (3). On n'aurait jamais soupçonné cet intendant d'être si scrupuleux. M. Ilsilrich, depuis, a pris pour maîtresse la demoiselle Mimy, figurante à l'Opéra. Il lui donne trente louis par mois et un remise.

La demoiselle Pagès, ou pour mieux dire Deschamps cadette, danse depuis la rentrée des spec-

(1) Marquise (la petite) ne figure pas dans Campardon. *Com. Ital.*
(2) Ferté (de la). T. I.
(3) Pantalon. — *Journal.* — Campardon. *Com. ital.*

tacles, à l'Opéra. Cela ne lui a pas procuré encore grande fortune. Elle végète toujours en chambre garnie et pelote en attendant partie avec le marquis de Vierville (1), qui la comble d'espérances et qui lui fait faire un ordinaire qui sûrement ne lui causera pas d'indigestion, car il est lui-même fort sec. Je crois qu'elle aura bien de la peine à soutenir la réputation de feue sa sœur.

La demoiselle Desève, depuis un mois n'est plus à la charge de la demoiselle Dupin, sa sœur aînée, connue pour être entretenue depuis sept ans par M. Saget (2), conseiller au Parlement. Elle vient de trouver M. Maupassant de Valmont, payeur des rentes, qui l'a meublée très proprement, rue des Moineaux, lui a monté une jolie garde-robe, et qui lui donne 15 louis par mois. Cette demoiselle est âgée de 17 ans, grande, bien faite, brune de cheveux et de peau, la figure ni bien ni mal, mais très amusante, ce qui ordinairement ne va pas sans esprit.

1764, 18 mai.

M. le comte de la Marche ne se contente pas des faveurs de Mme d'Espars et de la demoiselle Montalet (3), maîtresse du marquis de Villeroy (4) ; il

(1) Vierville (Ménildot de). — T. I.
(2) Saget. — *Journal.*
(3) Montalet. — T. I.
(4) Villeroy (marquis de). — T. I.

s'est renoué encore avec Mme de Chimay, rue des Rosiers, et avec Mme Miton de Senneville que le prince aime toujours, et je crois que son intention est aussi d'attaquer Mme de Valentinois (1), car il m'a parlé de cette dame avec beaucoup de chaleur et m'a demandé si les approches en étaient difficiles. Je lui ai répondu que je ne la croyais pas intraitable, mais que j'ignorais absolument ses liaisons, et que je ne connaissais point du tout sa maison. Il m'a répliqué : « On lui prête un ancien attachement, mais il doit être usé présentement ». Et la conversation en a resté là.

La demoiselle Deschamps cadette, surnommée à l'Opéra la Carmélite, se remue tant qu'elle peut, et on peut dire que, de ce côté-là, elle tient bien de famille, car depuis dix jours, elle a reçu les offrandes de M. Roulié d'Orfeuil, de M. Gensin, de M. De Sarsalle (2), du chevalier de Gouyon (3) et du marquis de Persennat. Cependant, elle reste toujours dans sa triste chambre garnie, à l'hôtel d'Alençon, rue Traversière Saint-Honoré. Il est vrai que quelque chose paraît l'y attacher. Dans le même hôtel demeure un jeune homme, nommé Prudhomme, qui passe pour son guerluchon, et qu'elle a connu dans le coche, en s'en revenant du couvent de Ligny, où elle était, à Paris, et on assure que ce même jeune homme est présentement

(1) Valentinois (Mme de). *Journal.*
(2) Sarsalle (de) — T. I.
(3) Gouyon (de), exempt des gardes du roi. — T. I.

affligé d'une galanterie des plus fortes dont la demoiselle Deschamps est, elle aussi, atteinte, et que
c'est dans la chambre dudit Prudhomme qu'elle
prend ses remèdes. Je ne sais pas comment M. de
Persennat s'en trouve, mais il est certain qu'elle a
couché chez lui lundi dernier.

La dame Raye (1), sa fille, ses petites filles, Pitrot,
sa femme, enfin toute la famille Raye est arrivée,
depuis huit jours, de Francfort à Paris, où elle était
allée pour danser aux fêtes qui se sont données à
l'occasion du couronnement du roi des Romains.
A les entendre dire, le directeur des spectacles de
cette ville a fait banqueroute et le seul Pitrot a eu
le secret d'être payé de son traité fait avec lui. Il
est vrai qu'il a eu occasion de se payer par ses
mains et qu'étant parti un des premiers de Francfort pour aller à Manheim où il avait dessein de
danser, on avait mis des gardes à sa femme qu'il
avait laissée derrière lui avec Mme Raye et ses
autres enfants, et qu'on s'était emparé des bijoux
de l'une et de l'autre pour sûreté des sommes que
le Directeur devait dans Francfort. Mais Pitrot
étant revenu sur ses pas et ayant prouvé qu'il
n'avait gardé que le montant de son traité, on a
retiré les gardes et rendu à sa femme et à sa belle-
sœur tous leurs bijoux. La mère Raye, qui aime
le jeu de passion, prétend avoir gagné au moins
100 louis au pharaon, et il paraît que toutes les
bonnes fortunes de la demoiselle Raye se sont

(1) Raye, Pitrot. — T. I.

bornées à celles du prince de Chimay et du prince de Ligne (1) qui ne sont riches ni l'un ni l'autre. Présentement, on assure que c'est M. le marquis de Chombert, du Palais-Royal, qui s'est chargé de faire reprendre à cette demoiselle l'air de Paris.

M. Pierre-Guillaume Pasques de Chavonnes, Hollandais, a quitté depuis huit jours la demoiselle Laforest pour s'en retourner dans son pays. Tout le monde sait qu'il a dépensé des sommes immenses pour cette demoiselle ; aussi est-elle très brillante et son intention est encore de la reprendre à son retour, qui sera dans trois ou quatre mois, car pour se la conserver il continuera pendant son absence de lui envoyer cinquante louis par mois, qui sont les appointements ordinaires qu'il lui donnait, à la charge, à la vérité, qu'elle lui restera fidèle ; mais c'est exiger d'elle l'impossible. Elle l'a toujours trompé et n'a point envie de changer. En outre, elle a toujours dit qu'elle ne pouvait le souffrir. Effectivement, elle n'a pas cessé de voir, en secret, le chevalier de la Tour. Depuis l'absence de M. de Chavonnes, il couche chez elle. Il est certain que ce guerluchon est l'homme qu'il lui faut : jamais il ne la tracasse et ne s'inquiète de ce qu'elle fait dans la journée. On y voit circuler aujourd'hui M. de Saint-Victor, M. de Lois, M. de Saint-Cricq (2), officier aux gardes, et M. Derlac (3), officier suisse, mais rien n'ébranle

(1) Ligne (Prince de). T. I.
(2) Saint-Cricq, Saint-Cric. — *Journal.*
(3) Erlac (d'). — *Journal.*

la tranquillité du chevalier de la Tour. Aussi elle l'aime à la fureur, du moins autant qu'elle en est capable, et tout son manège pour l'intérêt est présentement dirigé sur M. Craffort, Anglais, qu'elle voudrait bien enlever à la demoiselle Desforges, des Italiens, qu'il entretient à gros frais. C'est un plaisir de voir les minauderies qu'elle lui fait aux spectacles et il faut avouer que cette créature est séduisante quand elle a des vues sur quelqu'un.

J'ai appris que Mme David, femme de M. David, secrétaire de M. de Blair, intendant de Valenciennes, et connue pour avoir habité le Parc aux Cerfs, à Versailles, était morte dans le couvent où elle était retirée depuis quelques années. Cette femme, depuis son mariage, avait tenu une conduite bien déréglée, jusqu'à se prostituer dans les maisons de débauche.

Soupers.

Le 10 de ce mois, M. le baron de Wangen (1) a donné à souper chez lui à MM. de Persennat, de Tierville, Curis (2), Villemur et l'Epinay, avec les demoiselles Dufort, Benoist et Devaux.

Le 12, le baron de Veltheim et trois autres étrangers, dont un qualifié de prince, logé à l'hôtel du Parc-Royal, ont soupé avec les demoiselles Benoist, Létoile et Devaux.

(1) Wangen (baron de). -- *Journal.* — T. I.
(2) Curis. — T. I.

Le 14, M. Damer a soupé chez la demoiselle Maisonville (1).

Le 15, les mêmes étrangers que ci-dessus ont fait chez Brissault un souper avec les mêmes demoiselles.

1764, 25 mai.

« L'honnête homme trompé s'éloigne et ne dit mot. » M. de Craffort, Anglais, a rompu absolument avec la demoiselle Desforges (2), danseuse aux Italiens, qu'il entretenait à gros frais, car en deux mois de temps elle lui a coûté au moins cinq cents louis. Le sujet de leur rupture est venu parce qu'il a découvert qu'elle voyait toujours le petit Grenier, danseur au même spectacle, qui avait été précédemment son guerluchon, et qu'elle lui avait promis de cesser de voir pendant son séjour à Paris, qui doit être de huit mois. Aussi, en conséquence de ce sacrifice, M. Craffort devait lui faire présent, à son départ, de 12.000 livres pour se marier avec le sieur Grenier, supposé qu'elle conservât toujours de l'inclination pour lui, à la charge toutefois, qu'ils n'auraient aucun commerce ensemble tout le temps qu'il la garderait. La demoiselle Desforges, enchantée de cet avenir, avait juré d'être fidèle ; cependant, intérieurement, elle

(1) Maisonville. — *Journal.*

(2) Desforges, danseuse aux Italiens. — N'est pas dans Campardon. *Com. ital.*

se promettait bien de ménager si secrètement ses
entrevues avec Grenier, qu'elle tromperait l'Anglais
sans qu'il s'en aperçût. Mais elle s'est trompée
dans son calcul ; il l'a fait observer de si près
qu'enfin il est parvenu cette semaine à la trouver
couchée chez sa couturière avec ledit Grenier, et
sans s'émouvoir il lui dit d'un air de mépris : « Je
« ne vous estimais pas assez pour être piqué de
« votre conduite. Je ne regrette pas tous les ca-
« deaux que je vous ai faits ; un homme comme
« moi est fait pour payer une créature comme vous
« et voilà encore 25 louis pour vous donner le
« temps de trouver une autre dupe qui s'accommo-
« dera peut-être mieux que moi de votre intrigue
« avec ce polisson. Je vous souhaite le bonjour. »
Et il s'est retiré. Je crois qu'on trouverait peu de
Français capables d'un aussi grand flegme et je me
suis laissé dire que la demoiselle Desforges était
plus pénétrée de la modération de cet Anglais que
si il lui avait donné vingt soufflets, et qu'elle avait
fait toutes les courbettes du monde pour le rattra-
per, mais il n'a pas voulu en entendre parler.

La dispute arrivée entre le chevalier de Saint-
Cricq, officier aux gardes-françaises, et le petit
Saimson, au sujet de la demoiselle Lafond, danseuse aussi aux Italiens, et qui devait se terminer au
Bois de Boulogne, l'épée à la main, si les officiers
des maréchaux de France n'y avaient porté remède,
dont certainement vous devez avoir été instruit
par vos émissaires dans les bals de Passy et d'Auteuil, porte un tort manifeste à la demoiselle La-

fond, parce que cette risque a ouvert les yeux sur
son compte au chevalier Elchin, autre Anglais qui
l'entretient, et auquel elle avait persuadé qu'elle
ne voyait Saimson que comme une ancienne
connaissance et sans conséquence. Aussi, depuis
cette affaire, l'Anglais ne permet plus que Saimson
vienne souper avec elle et parce qu'il se méfie
qu'elle le voit toujours en secret, il prend sourde-
ment de son côté des arrangements avec la demoiselle Verdault, figurante au même spectacle, et,
certainement, la demoiselle Lafond se trouvera au
premier moment délaissée et enceinte. C'est inutilement qu'elle veut faire entendre à cet Anglais
que c'est de lui : il n'en veut rien croire et dit hautement que l'enfant qu'elle mettra au monde doit
ressembler à Saimson.

1764, 1er juin.

La demoiselle Marquise, dite la Provençale,
demeurante à Paris, rue de Richelieu, depuis son
retour de Francfort, est entretenue par M. le marquis de Puységur (1), cordon rouge, qui lui donne
vingt-cinq louis par mois sans les cadeaux. Mais
comme elle prétend que cette somme est pour elle
une misère, elle ne laisse point échapper toutes les
occasions avantageuses qui se présentent et serait
très fâchée de se passer de guerluchon. Le chevalier de Saint-Cricq, officier aux gardes-françaises,

(1) Puységur. — *Journal.* — T. I.

jeune, grand, beau, bien fait, est l'heureux mortel
qui occupe près d'elle ce poste intéressant sans
s'embarrasser du ridicule que cela lui donne parmi
tous les agréables ; car cette fille est déjà surannée,
et loin d'être généreuse est au contraire fort inté-
ressée (qualité fort préjudiciable aux guerluchons
d'aujourd'hui). Mais comme le chevalier est rempli d'amour-propre, il se flatte qu'il l'amènera à
faire quelque sottise en sa faveur. Certainement il
n'y réussira pas, et lorsqu'il commencera à se
fatiguer, elle saura bien le congédier et lui prouver
que, du côté de l'intérêt, il n'en est encore avec elle
qu'à l'alphabet. En attendant, elle profite toujours
de la fraîcheur de la jeunesse et c'est à une petite
maison qu'elle a à Clamart qu'ils prennent leurs
ébats en la société de la demoiselle Laforest qui
s'y rend avec le chevalier de la Tour, tandis que
le sieur de Chavonnes, Hollandais, enrageant de
tout son cœur, se tient ici clos et couvert, attendant le succès de la requête qu'il a eu l'honneur
de vous présenter. Cependant, s'il était bien informé, il jouirait d'une espèce de satisfaction, car
il saurait que la demoiselle Laforest, ayant fait
toutes les minauderies du monde pour captiver
M. Craffort qui vient de quitter la demoiselle Desforges des Italiens, après avoir dépensé beaucoup
d'argent avec elle, cet Anglais avait couché la nuit
de vendredi à samedi avec la dite Laforest et s'était
retiré le lendemain en la laissant comblée d'espérances mais, à la vérité, sans lui donner un sol.
Il est vrai qu'elle a, lundi dernier, réparé en
quelques façons cette petite disgrâce, car M. Follet,

autre Anglais, étant venu lui témoigner de l'empressement, a été obligé, pour la réduire, de lui compter cent louis d'or et de lui faire présent de trois robes de taffetas. Elle espère mener loin cet étranger, surtout étant amie de la demoiselle Marquise qui passe, à juste titre, dans le peuple galant, pour posséder toutes les fourberies de la galanterie en ce genre.

Le comte de Diechtrenstheim (1), Allemand, s'est enfin déterminé à entretenir pour le temps qu'il restera à Paris, la demoiselle Létoile, que Brissault lui avait procurée en passade. Il lui donne 30 louis par mois, dont le premier a été payé d'avance, et lui a fait présent en outre de linge et de plusieurs couverts d'argent. Néanmoins, elle conserve toujours à son insu le sieur Gastine pour guerluchon.

La demoiselle Lacroix, aujourd'hui figurante dans les ballets de l'Opéra, pour son début à ce spectacle, a fait une assez mauvaise emplette et dont certainement il lui en cuira. Elle vient, comme une petite sotte, de se laisser empaumer par le sieur de Pressigny, fils de M. de Maisonrouge, connu pour un mauvais sujet, ayant maltraité toutes les femmes avec lesquelles il a vécu, qu'il a même empoisonnées du virus qu'il ne quitta jamais. Il lui donne 20 louis par mois et s'il lui fait quelques cadeaux, il saura bien les reprendre lorsqu'il se brouillera avec elle, ainsi qu'il a fait

(1) Diechtrenstheim. Lire : Lichtenstein.

à la demoiselle Desforges des Italiens en la quittant.

M. de Mongrif (1), auditeur des comptes, ménage à la fois deux petites intrigues, savoir, la demoiselle Villers, native de Lorraine, jeune, grande, bien faite, blonde de cheveux et d'une très jolie figure, qu'il a mise dans ses meubles, rue Grenier-Saint-Lazare, et à laquelle il donne dix louis par mois, et la demoiselle Lécuyer (2), autre jeune personne qui était intime amie de la demoiselle Villers et délaissée du sieur Bourgoin, huissier priseur ; il l'a placée vieille rue du Temple, dans un petit appartement. La demoiselle Villers, qui ne voit plus son amie et qui se doute de cette double intrigue, a accablé son amant de reproches et cherche partout la demoiselle Lécuyer dont elle ignore la retraite pour se venger sur elle de sa perfidie. Elle m'a dit que son intention était, si elle la trouvait, de l'engager, sous un air de bonne amitié, à venir chez elle, et comme elle est beaucoup plus forte, qu'elle la fouetterait jusqu'au sang et la renverrait ensuite à son infidèle. Je lui ai très fort conseillé de n'en rien faire, parce qu'elle se rendrait punissable elle-même. Elle me l'a promis, mais quand elle ne tiendrait pas parole, la demoiselle Lécuyer est trop fine pour donner dans le piège.

La demoiselle Angélique Bourguès, native de Dieppe, fille d'un fermier, connue à Paris sous le

(1) Montcrif. — *Journal.* — T. I.
(2) Lécuyer. — *Journal.*

nom de la Cauchoise, grande, d'une jolie figure,
très blanche de peau, la poitrine et la croupe large,
âgée de 20 ans, depuis deux ans circulait en chambre garnie par de faibles secours que lui procurait
un jeune homme nommé Parmentier, étudiant en
droit, et qui vient d'être obligé, ses écoles finies, de
s'en retourner à Lyon, son pays. Aussitôt son départ, elle a eu le bonheur de plaire à un chevalier
de Saint-Louis d'un certain âge, nommé M. de Gla-
tigny, capitaine de cavalerie, logé à Paris, rue
d'Orléans, à l'hôtel de la Providence. Il lui a donné
pour 12 à 15.000 livres de meubles qu'elle a placés
dans un petit appartement rue Saint-Sauveur, du
linge, quelques robes et huit louis par mois pour sa
subsistance. Il lui a dit qu'il était pour un an à
Paris et que si elle se conduisait bien, comme il
était garçon, il l'emmènerait avec lui en Berry d'où
il est, et que son appartement lui servirait de pied
à terre lorsqu'il vient à Paris. Ce projet paraît être
tout à fait du goût de la Cauchoise.

La demoiselle Noyan (1) est tout à fait brouillée
avec le fils du Président Dumazy, et certainement
elle est bien excusable. Ce jeune homme est d'une
inconséquence extrême. Premièrement, il se croit
un Adonis ; il voudrait que sa maîtresse fût continuellement occupée à l'adorer ; il lui donne, il lui
reprend sans cesse, à l'exception de la maladie vénérienne qu'il lui a procurée et dont elle
se fait traiter, et comme incessamment il sera
guéri, il craint qu'elle ne cherche à se venger. En

(1) Noyan. — *Journal.* — T. I.

conséquence et pour la tenir toujours assujettie à
ses caprices, il voudrait qu'elle lui rende les
meubles qu'il lui a donnés, et une obligation de
10.000 livres qu'il lui a passée, payable dans deux
ans. Cette demoiselle n'en veut rien faire et elle lui
dit pour ses raisons que ce n'est point elle qui l'a
renvoyé, qu'il ne peut pas lui reprocher d'infidélité ; qu'au contraire, que les douleurs qu'elle ressent sont les preuves des siennes, qu'il ne lui donne
que 200 livres par mois pour sa subsistance, sur
lesquelles elle est encore obligée tous les soirs de
lui donner à souper et qu'après deux ans d'une
telle vie elle se croit fondée à garder l'obligation et
les meubles qu'il lui a donnés. M. Dumazy, qui ne
goûte point ces raisons, a été trouver le père et la
mère de cette demoiselle pour les engager par un
placet présenté à votre tribunal, Monsieur, à se
plaindre de la conduite de leur fille à l'effet d'obtenir des ordres contre elle et par le moyen de
quelques gratifications qu'il leur fera, retirer tout
ce qu'il répète. Il est même venu me consulter à
ce sujet. Je lui ai répondu qu'il ne devait point se
flatter de réussir par des moyens aussi bas et que
les père et mère courraient grand risque, par l'information que vous ne manqueriez pas d'ordonner,
d'être eux-mêmes arrêtés comme ayant ci-devant
profité de la prostitution de leur fille et que lui-
même jouerait dans tout cela un fort vilain rôle.
Mes représentations l'ont dégoûté de cette marche,
et il a été, à ce que j'ai su, chez cette demoiselle, et
lui a enlevé plusieurs objets, tant en linge que bijoux.

1764, 8 juin.

Milord Beauchamp, fils de l'ambassadeur d'Angleterre, vient de prendre à ses appointements la demoiselle Fleurier (1). Il lui paye ses dettes et lui donne vingt-cinq louis par mois. Cette demoiselle était ci-devant maîtresse du Sᵣ de Goderneau qui est parti depuis six semaines pour se rendre à son régiment. Son projet est de revivre avec lui lorsqu'il reviendra, et en attendant de s'arrondir avec l'Anglais qu'elle n'aime point, car elle lui préfère un nommé Devilliers, fils d'un chapelier de la Place Maubert, grand garçon d'une jolie figure et qui se donne à Paris pour écuyer cavalcadour. Tous les jours, il couche avec elle. Cette demoiselle est grande, bien faite, âgée de 24 ans et passe sans contredit pour une belle femme, mais elle est d'une bêtise que rien n'égale. C'est exactement le second tome de la demoiselle de la Chanterie, de l'Opéra (2).

(1) Fleurier. — *Journal.*
(2) La Chanterie (Marie-Louise Guénon de), chanteuse. — Campardon. *Opéra.* — D'une figure adorable, elle posait pour les peintres qui la représentaient en ange ou en Vierge.

« — Ah ! voilà la Vierge qui m'a donné la... ! » s'écriait un Anglais, en voyant la Chanterie représentée en Vierge dans une église de Paris.

M. de Villepatour (1), maréchal de camp, entretient sur le pied de vingt louis par mois, la demoiselle Couston (2) de l'Opéra et figurante dans les ballets. M. le Procureur du Roi la voit aussi secrètement et on prétend même qu'elle ne lui coûte rien ; on ajoute encore qu'elle a chez elle un frère qu'elle aime si tendrement que souvent elle partage son lit avec lui. Cette demoiselle est provençale, peut avoir 20 ans, d'une petite taille, d'un embonpoint charmant, une très belle gorge, les yeux et cheveux bruns, la figure fort bien et annonçant un tempérament prodigieux. Elle est cousine germaine de la demoiselle Valentin, ci-devant à l'Opéra, connue pour son goût extraordinaire pour les femmes et pour avoir enterré, par cette vilaine manie, la demoiselle Riquet (3), attachée au même spectacle. Cette Valentin est aujourd'hui retirée en Provence avec six à sept mille livres de rente.

M. Mayneaud fils, conseiller au Parlement, ne se lasse point d'être dupe. Il vient encore de se charger de la demoiselle Tourville, figurante dans les ballets de la Comédie-Italienne, qui est grosse à pleine ceinture des faits du Sr Auger, danseur au même spectacle. Cependant il lui donne tout ce qu'il peut et emprunte pour cela de tous côtés sans s'embarrasser de l'humeur qu'il cause à monsieur son père qui ne manquera pas au premier moment

(1) Villepatour. T. I.
(2) Couston. — *Journal*.
(3) Riquet. — *Journal*.

de faire grand bruit et de s'adresser encore au tribunal de police.

M. le prince de Soubise (1), a dit-on, un caprice
pour la demoiselle Guimard (2), danseuse à l'Opéra.
Voilà plusieurs fois, à ce qu'on prétend, qu'elle va
à la petite maison du faubourg Saint-Honoré et, à
la vérité, ses actions paraissent être augmentées de
beaucoup ; mais elle se trompe si elle imagine que
ce prince s'en charge tout à fait. Il n'a jamais aimé
ces sortes de demoiselles que pour le quart d'heure.
Les demoiselles Pluvigné et Demiré pourraient bien
l'attester ; elles lui ont tiré, il est vrai, de bonnes
plumes, parce qu'il est fort généreux et, cependant,
il n'a jamais voulu se donner le ridicule de les entretenir. Au contraire, il leur a toujours conseillé de
garder les amants qu'elles avaient, et il se plaît à
leur faire commettre de ses petites perfidies. La
demoiselle Guimard, sans être absolument jolie,
est faite pour plaire. Elle n'a pas encore dix-huit
ans ; elle est toute mignonne dans sa taille et est
dans sa danse pleine de grâce. M. de la Borde, valet de chambre du roi, lui fait du bien et elle aime
le petit Sabran.

M. Wilck (3), Anglais, fait du bien à la demoiselle
Dufort cadette (4), qui demeure rue du Four Saint-
Germain, à l'hôtel d'Hambourg, dans ses meubles

(1) Soubise (prince de). *Journal.* — T. I.
(2) Guimard. — *Journal.* — T. I.
(3) Wilck. — Wilkes. *Journal.*
(4) Dufort cadette. — *Journal.* — T. I.

et auxquels l'Anglais a beaucoup contribué. Cette demoiselle est sans contredit une des plus jolies têtes de femme qu'il y ait à Paris, mais aussi une des plus libertines. Elle est présentement enceinte de cinq mois. Je lui défierais bien d'en nommer le père. Cependant, elle croit que c'est M. de Vintimille qu'elle a vu en passade chez Brissault, parce qu'elle dit que c'est l'homme qu'elle a connu qui lui a procuré le plus de plaisir et pour lequel elle a le plus de penchant. Cette demoiselle a une sœur aînée qui demeure avec elle et qui est la maîtresse de Blainville (1), acteur au Français, et qui va aussi quelquefois en vendange chez Brissault. Il s'en faut bien qu'elle soit aussi aimable que la cadette. Elles sont natives de Metz et filles d'un libraire.

Les bienfaits que M. le Comte de Diechteinstein (Liechtenstein) fait à la demoiselle Létoile (2) lui donnent un relief étonnant. Tout le monde veut en tâter ; MM. de Rochechouart (3), de Rochefort, le marquis de Bonnac jambe de bois, le président de Salabery, M. de Morfontaine, maître des requêtes, et M. le comte d'Usson. Tous depuis huit jours ont été lui présenter leurs offrandes qu'elle a acceptées d'un air bénin et qu'elle prodigue ensuite au sieur Gastine, son guerluchon.

(1) Blainville. — *Merc. de France.*
(2) Létoile. — *Journal.* — t. I.
(3) Rochechouart. — *Journal.* — T. I.

Soupers.

Le 4 de ce mois, M. de Craffort, Anglais, et M. Hésirique, aussi Anglais, ont été souper à Sceaux avec la demoiselle Lavault, figurante à l'Opéra, et elle a rapporté dix louis d'or.

Le 5, M. le président de Salabery et M. de Morfontaine ont soupé à leur petite maison, rue Verte, avec la demoiselle Verdault des Italiens (1). M. de Morfontaine continue de la voir et doit lui donner 12 louis par mois. Il a, en outre, la demoiselle Saint-Lau, à laquelle il donne 20 louis tous les mois.

Le 6, M. de Senac, fermier général, a soupé à la campagne avec la demoiselle Dufort cadette et lui a donné 8 louis.

Le 7, M. de Craffort a soupé chez la Testar (2), rue Coquillière, et moyennant 25 louis a couché avec elle. M. Perault, négociant de Bordeaux, son enteneur, était allé à Versailles. C'est Brissault qui a ménagé cette passade et qui a partagé en frère les 25 louis. La demoiselle Testar a eu aussi des belles berloques de montre.

(1) Verdault. — *Journal.* — T. I. N'est pas dans Campardon. *Com. ital.*

(2) Testard (Marie-Anne-Xavier-Mathieu, dite), danseuse, née à Rouen 1746. — *Journal.* — Campardon. *Opéra.*

1764, 15 juin.

Le bruit court dans le monde, que M. le duc de Grammont n'est pas éloigné de se raccommoder avec Mme la Duchesse, son épouse (1), et que cette dame se trouve être présentement enceinte ; mais que M. le Duc, peu inquiet des auteurs de cette grossesse, qu'on nomme tout bas, se prêtera volontiers à cette réconciliation apparente, moyennant qu'on lui augmente son revenu et qu'on lui donne comptant une somme d'argent dont il a besoin, car ce seigneur est toujours plus attaché que jamais à la demoiselle Hébert (2), fille de la grande Dubois (3) et de feu La Drouay, maître d'armes. Cette Dubois mère est aujourd'hui mariée à un nommé le Breton (4), jeune homme d'une très jolie figure, qui l'a épousée ne sachant de quel côté donner de la tête pour subsister, et la mère et la fille demeurent ensemble. Cette demoiselle Hébert est une femme de la plus grande taille qu'on puisse voir. Après avoir circulé autrefois au premier venu sous les yeux de sa mère, elle trouva enfin M. Pelot, conseiller au Parlement, qui lui donna des meubles fort honnêtes et dérangea même pour

(1) Béatrix de Choiseul-Stainville, duchèsse de Grammont. — *Corr. de Grim.*
(2) Hébert. — *Journal.*
(3) Dubois. — *Journal.* — T. I.
(4) Le Breton. — *Journal.*

elle sa fortune. Ensuite elle s'amouracha du
Sr Motet, maître d'armes (il fallait bien qu'elle tînt
de sa mère), mais cette intrigue ayant un peu dérangé ses affaires, comme elle avait une assez jolie
voix, elle entra à l'Opéra. Elle n'y fut pas goûtée
pour jouer des rôles, et les coulisses ne lui furent
pas aussi propices qu'elle s'en était flattée. Voyant
donc que son état empirait de jour en jour, elle
prit le parti d'aller au spectacle de Bordeaux, es-
pérant que la province lui fournirait des ressources
qui s'étaient éloignées d'elle à Paris. Effectivement,
elle y fut fêtée. M. le duc de Richelieu (1) eut pour
elle des distinctions, et après avoir moissonné pendant plusieurs années, elle s'en revint à Paris avec
une pacotille assez raisonnable, mais non pas suffisante pour se passer d'amants. Cependant,
comme elle avait une certaine aisance, elle ne se
jeta point à la tête ; elle voulut rencontrer l'utile
et l'agréable, et M. le duc de Grammont a enfin
fixé tous ses désirs. Ils paraissent l'un et l'autre
s'aimer de bonne foi ; il fait pour elle tout ce qu'il
peut et elle paraît s'en contenter sans chercher à le
déranger. Elle peut avoir 30 ans.

M. le marquis de Chabrillant (2), gentilhomme
de M. le prince de Condé (3), s'épuise pour Mme la
comtesse Duquesnay, qui, certainement, n'est point
jolie, ni de la première jeunesse. Cette femme se

(1) Richelieu (duc de). *Journal.* — T. I.
(2) Chabrillant (marquis de). — *Journal.*
(3) Condé (prince de). — *Journal.* — T. I.

prétend de condition, cependant depuis nombre d'années, on l'a toujours vue à Paris vivre d'intrigues et être liée avec des femmes entretenues qui la regardent même comme d'un très bon conseil. Du temps qu'elle demeurait au Marais, M. Bertin (1), des parties casuelles, la fréquentait; M. Mazière, fermier général, y allait aussi assez souvent manger mesquinement un poulet et dans les commencements qu'elle a demeuré rue Poissonnière, le vieux d'Harnoncourt (2) lui portait sa petite offrande. Aujourd'hui, elle s'en tient à M. de Chabrillant pour faire aller sa maison, et, pour ses plaisirs, a un garde du roi nommé Kaguenec.

Depuis que le chevalier de Marigny (3), mousquetaire, a quitté la demoiselle Suavy, il se tient enfermé à une petite maison qu'il a à la Barrière Blanche, rue Blanche, avec la demoiselle Testar, qui a quitté pour lui M. Perrault, négociant de Bordeaux, qui lui faisait beaucoup de bien. Quand cette demoiselle aura mangé les effets qu'elle a, ce qui ne peut pas durer longtemps, ils seront obligés de se quitter faute de subsistance. La demoiselle Suavy jette feu et flamme contre Marigny et fait la guerre tant qu'elle peut aux Anglais, mais peu donnent dans son étalage; le seul Follet lui a donné 50 louis.

(1) Bertin. — *Journal.* — T. I.
(2) Harnoncourt (d'). — *Journal.* —T. I.
(3) Marigny (de). — *Journal.* — T. I.

La demoiselle Buhart (1), figurante dans les ballets de l'Opéra, voit toujours quelquefois M. le duc de Duras, qui conserve néanmoins son vieux penchant pour la demoiselle d'Estat (2) ; mais comme la Buhart s'attache moins aux honneurs qu'aux profits, elle reçoit les offrandes de M. Ligné, l'un des premiers commis de la marine, connu pour avoir dépensé immensément avec la demoiselle Valentin (3), ce qui avait dérangé considérablement sa fortune et lui avait donné un ridicule auprès de M. Berryer (4) qui en avait été instruit ; aussi se conduit-il très secrètement avec la demoiselle Buhart.

Soupers.

Le 7 de ce mois, M. le marquis de Boisgelin et M. Lefranc, chevalier de Malte, ont été souper chez Magny, à la Barrière Blanche, avec les demoiselles Vaccavan (5) et Benoist (6).

Ledit jour, M. Maclean et M. Goudenofe (Goodenough), Anglais, logé rue du Colombier, à l'hôtel de

(1) Buhart. — *Journal.* — T. I.
(2) Estat. (d'). — T. I.
(3) Valentin. — *Journal.*
(4) Berrier, prédécesseur de M. de Sartine. — *Journal.*
(5) Vaccavan. — *Journal.*
(6) Benoist. — *Journal.*

Saxe, ont soupé et couché chez la Gourdan avec les demoiselles Lamotte (1) et Brulé (2).

Le 8, M. le marquis de Genlis (3) a fait venir coucher chez lui, rue des Vieux-Augustins, la demoiselle Brulé. La demoiselle Baligny (4), son ancienne maîtresse, à laquelle il a fait 1.200 livres de rente viagère, vit aujourd'hui avec La Batte, tapissier du faubourg Saint-Antoine, qui a déjà fait une fois banqueroute.

Le 9, M. de Craffort, Anglais, a fait une passade avec la demoiselle Létoile chez elle, qu'il a payée 15 louis.

Le 11, M. Follet a soupé et couché chez la demoiselle Verdault, figurante aux Italiens; lui a donné 10 louis.

Toutes les femmes crient misère et les hommes ne veulent plus entretenir ou n'ont plus d'argent. Elles mettent les robes d'hiver en gage pour avoir du taffetas : c'est une vraie désertion. Brissault n'a rien fait cette semaine.

1764, 22 juin.

La demoiselle Elizabeth Vallée, dite d'Esmars, native de Lisieux, fille d'un assez bon négociant de

(1) Lamotte. — *Journal.* — T. I.

(2) Brulé. — Bruslé. — *Journal.*

(3) Genlis (marquis de). — *Journal.* — T. I. — Le mauvais sujet le plus aimable que j'aie jamais rencontré. D'Allonville. I, 155.

(4) Baligny. — *Journal.* — T. I.

cette ville, est jeune, grande, bien faite et d'une
figure fort intéressante. Sa mère étant morte qu'elle
avait déjà 14 ans, son père, peu scrupuleux, l'abandonna pour ainsi dire à elle-même. Elle profita de
sa complaisance pour suivre son penchant à
l'amour. Un jeune officier du pays, nommé La Peyrelle (1), lui inspira une très forte passion. Libre
de ses volontés, elle s'y livra tout entière ; bientôt
elle s'aperçut qu'elle était enceinte, et pour éviter
le ridicule que cela lui donnerait dans la province,
elle prit le parti d'abandonner la maison pater-
nelle et de suivre son amant à Paris. Son père ne
s'en inquiéta point. Au bout de six mois, elle mit
au jour un petit garçon qui fut envoyé aux enfants
trouvés et La Peyrelle, dont les ressources commençaient à s'épuiser, la voyant heureusement
délivrée, ne tarda point à l'abandonner. Elle se
désespéra, fondit en larmes, mais enfin, il fallut
céder à la nécessité. Elle avait entendu parler de
la Hecquet : elle fut lui offrir ses services et fut
agréée, il y a de cela près de deux ans. La dissi-
pation de cette maison lui fit promptement oublier
son amant et son tempérament se développant
tous les jours de plus en plus, elle se crut dans un
lieu enchanté. Cependant, il lui survint une petite
galanterie (fruit du métier) ; il fallut avaler des
pilules. Cela l'obligea à quelques réflexions et lui
fit connaître que souvent les épines étaient cachées
sous les roses. Aussitôt sa guérison, elle profita
de la bonne volonté d'un jeune homme nommé

(1) La Peyrelle. — *Journal.*

Durand qui la mit en chambre garnie, rue des
Vieux-Augustins, et lui donna quelques robes. Six
mois après ils se quittèrent. Ensuite, elle fit la
connaissance d'un Anglais dont j'ignore le nom,
qui lui promit des trésors si elle voulait le suivre
en Angleterre. Elle y consentit. Arrivée à Londres,
elle en essuya beaucoup de duretés et très peu de
fortune. En outre, le climat étant contraire à sa
santé, elle revint à Paris, il y a deux mois, et de
ses épargnes elle s'est donné des petits meubles
qu'elle a placés rue des Vieux-Augustins, chez le
marchand de billets de loterie. Les spectacles et
promenades lui ont procuré depuis son retour
quelques passades avantageuses qu'elle a employées
à se nipper, et on peut dire qu'elle se met bien.
M. Daudet, jeune homme, fils d'un échevin de
Lyon, a contribué pour quelque chose à son nouvel arrangement, et aujourd'hui c'est M. l'abbé de
Durfort, abbé commendataire de Fontaineblanche,
qui l'entretient. Elle paraît bien satisfaite de sa
générosité. Tous les jours son mobilier augmente
et elle ne sort qu'en carrosse de remise. M. l'abbé,
pour s'épargner la critique, conduit cette intrigue
sous le nom d'un nommé M. Fontaine, son ami,
qui est toujours avec lui. Cette demoiselle a de
l'esprit et sous un air de candeur et de douceur,
elle cache beaucoup de méchanceté. Si elle veut y
joindre un peu de conduite, ou pour mieux dire
d'hypocrisie, je ne doute point qu'elle ne fasse une
grande fortune avec le clergé.

La demoiselle Collette (1), actrice aux Italiens, toute adorée qu'elle est de M. le marquis de Lignerac (2) qui l'entretient, se prête avec plaisir à la passade lorsqu'elle est avantageuse. M. le chevalier Echlin, Anglais, amant de la demoiselle Lafond, attachée au même spectacle, n'a pu résister à ses petits airs de mignardise ; il lui a fait proposer par le canal de Brissault, le quinze de ce mois, trente louis d'or, si elle voulait lui accorder une nuit. La petite friponne a trouvé le propos fort bon, et, dès le même jour, il a couché avec elle et en a été bien content. Effectivement, on la dit encore plus amusante en tête à tête que sur les planches où elle fait beaucoup de plaisir.

M. Craffort, Anglais, sans respect pour M. Helsirique, son ami, qui entretient la demoiselle Mimy (3) de l'Opéra, a fait, le 16 de ce mois, une passade avec cette demoiselle, qu'il a payée 15 louis d'or. C'est encore Brissault qui a ménagé cette bonne fortune et il lui a été facile de réussir par l'entremise de la mère, qui volontiers battrait sa fille pour l'obliger à se prostituer.

M. Senac (4), maître des requêtes, qu'on dit être nommé Intendant à la Guadeloupe, a fait,

(1) Collette. — *Journal.*
(2) Lignerac (marquis de). — *Journal.* — T. I.
(3) Mimy. — *Opéra.* — *Journal.* — Ne se trouve pas dans Campardon.
(4) Senac. T. I.

le 20 de ce mois, une passade avec la demoiselle
Saint-Martin (1), figurante à l'Opéra, et il lui a
donné 12 louis d'or.

M. Hoope (2), Hollandais, a dénoué aussi les cor-
dons de sa bourse en faveur de la demoiselle Parmentier (3) le dit jour, 20. Il lui a fait présent
d'une robe de mousseline des Indes et lui a donné
10 louis d'or.

Soupers.

Le 15 de ce mois, M. le comte d'Ossonville (4)
et M. le comte Delord ont soupé chez la demoiselle Létoile avec la demoiselle Marquise, des Italiens.

Le dit jour, M. Richardau, conseiller au Parlement de Toulouse, le marquis de la Pujade et
M. Sage, armateur de Bordeaux, ont soupé chez
Brissault avec les demoiselles Brulé et Dargensieu.

Le 16, M. Hocquard fils a soupé chez la demoiselle Dargensieu.

Le 17, les demoiselles Brulé et Dargensieu ont

(1) Saint-Martin. *Opéra. — Journal. — T. I.* — Ne se
trouve pas dans Campardon.
(2) Hoope. — *Journal.*
(3) Parmentier. — *Journal. — T. I.*
(4) Ossonville. — Haussonville (d'). — T. I.

été souper chez M. Vallier (1), à sa petite maison, près le château du Coq, où s'est trouvé M. Clauze (2), notaire, amant de la demoiselle Raye (3), et Dalinville, mousquetaire.

Le 19, M. Sacerdo (Salcedo), juif fort riche, habitué ordinairement en Angleterre, logé à Paris, hôtel de Tours, a soupé avec un de ses amis chez Brissault avec les demoiselles Létoile et Saint-Yon.

Le 14, la demoiselle Dulieu (4) a été le matin faire une passade chez M. le marquis de Marigny.

1764, 29 juin.

M. le baron d'Andeleau (5), depuis son divorce avec la demoiselle Zinkle, Allemande, qu'il a fait mettre en prison, l'accusant d'être venue chez lui faire du train et de lui avoir volé un rideau, a pris pour surintendante de ses plaisirs la grosse Benoist, aussi Allemande, et très bonne appareilleuse. C'est elle chez lui qui ordonne tout, mais comme elle sait le baron changeant et qu'elle n'a pas assez de confiance dans ses charmes pour espérer de le captiver tout entier, elle paie de complaisance afin de se maintenir dans sa place et

(1) Vallier. — *Journal.*
(2) Clauze. — *Journal.*
(3) Raye. — *Journal.* — T. I.
(4) Dulieu. — *Journal.*
(5) Andeleau. — Andlau (baron d'). — T. I.

lui a procuré la demoiselle Théophile, jeune fille grande, bien faite et d'une très jolie figure, qui vient de sortir de prison où elle s'était rendue pour purger un décret décerné contre elle au sujet de deux jeunes gens nommés Martin et Gautier, qui s'étaient donné chez elle plusieurs coups d'épée et précédemment connue pour une insigne tapageuse chez la Varenne, ce qui l'a fait mettre, il y a trois ans, à l'hôpital. Quoiqu'il en soit, si cette fille avait le caractère docile, elle passerait sans contredit pour une des plus jolies filles de Paris et des plus agréables. La Benoist, aussi, qui est connaisseuse, l'a regardée comme un sujet capable de mener loin le Baron. Elles sont toutes deux à demeure chez lui ; il en paraît enthousiasmé et couche alternativement avec l'une et l'autre. La jalousie ne trouble pas leur tranquillité. Elles ne sont point assez délicates pour cela et elles ne s'occupent qu'à plumer le Baron. La Théophile lui a déjà soutiré depuis quinze jours près de 2.000 livres, et la Benoist, de son côté, s'arrondit tant qu'elle peut. Le projet du baron Dandeleau est d'emmener incessamment ses deux femelles à sa terre de Vignolles-en-Brie où il compte passer deux mois. Ensuite, comme des affaires l'appellent dans ses terres d'Alsace, son projet est de les mettre au couvent ensemble pour attendre son retour ; mais elles espèrent si bien le secouer pendant le séjour qu'elles feront à Vignolles, qu'il sera dégoûté de faire les frais de leur pension. La Benoist, en femme d'esprit, avant de présenter la Théophile au Baron, a jugé à propos de lui faire changer de nom, crainte que venant à découvrir sa vie passée, il ne la répudiât. Elle se fait appeler Mlle Deslauriers, mais son vrai nom est Marie-Anne Lenard, native du Havre. Son père, menuisier audit lieu ; a été débauchée par un officier d'artillerie nommé Duroselle et a débuté à Paris, le 8 octobre 1760, chez la Varenne, sous le nom susdit de Théophile.

M. Dumontel (1), commissaire des guerres, demeurant à Paris, rue de la Croix-des-petits-Champs, à l'hôtel de Bourbon, se trouve aujourd'hui dans une grande perplexité. Depuis six mois, il vivait avec la demoiselle Elizabeth Desmarets, fille d'un chapelier de Verdun, connue chez les femmes du monde sous le nom de Célestine et à laquelle il avait donné celui de Crémille. Après avoir fait beaucoup de dépenses pour cette fille qu'il a nippée parfaitement bien, tant en linge qu'en robes magnifiques et lui avoir meublé un appartement très décent rue Montmartre, au coin de celle de Notre-Dame-des-Victoires, chez le nommé Olivier, tapissier, elle vient de le quitter tout net, il y a quatre jours, a emporté la clef de l'appartement et lui a écrit une lettre par laquelle elle lui marque simplement qu'elle ne l'aime point et qu'il peut se pourvoir ailleurs. On l'a dit allée à la campagne de M. Grossart de Virly (2), fermier général, ci-

(1) Dumontel. — Dumontet de la Colonge, commissaire des guerres, à Salins.

(2) Grossart de Virly, Hector, fermier général. — Caraman. *Fermiers généraux*.

devant fermier de la caisse de Poissy, avec lequel on la prétend arrangée. (J'ai appris ce matin qu'au lieu de M. de Virly, c'était M. de Chestres, intéressé dans la finance, qui lui a fait un billet de 4.200 livres payable dans le mois de juillet 1765 et qui lui donne 500 livres par mois). Comme M. Dumontel se trouve indigné de ce procédé, il voudrait bien que la demoiselle Crémille ne profitât point de ses meubles. Mais voici l'inconvénient : il est vrai que c'est lui qui a été louer l'appartement et en son nom. Ensuite, l'ayant fait meubler, il y a introduit la demoiselle Crémille. Son hôte lui dit même à ce sujet-là qu'il l'avait surpris. Il lui répondit qu'il ne devait point s'inquiéter et aurait toujours affaire à lui. Cependant il a eu la complaisance de laisser payer deux termes à cette demoiselle qui a eu l'audace de faire faire les quittances à son nom de famille, ce qui paraît lui donner la propriété des meubles. Comment faire pour les ravoir, rentrer dans l'appartement et punir cette fille de son infidélité sans se compromettre? Je me suis laissé dire qu'il avait été conseillé d'avoir recours au tapissier qui les avait fournis et de l'engager à les revendiquer comme s'ils n'étaient point payés. Il faut pour cela trouver un tapissier fripon et je ne sais pas encore s'il réussira, car il y a bien des moyens de défense en sa faveur. Les meubles peuvent faire un objet de 6.000 livres.

Il paraît que la demoiselle Romance (1) se plaît

(1) Romance. Il s'agit ici de Mlle de Romans, maîtresse

dans sa maison de Passy, car elle veut l'acheter et je sais qu'elle a fait demander à M. le Président de Boulainvilliers (1), seigneur de ce lieu, à combien pouvaient monter les droits qui le regardent. Il espère en tirer 2.400 livres.

Soupers.

Le 23 de ce mois, M. le comte de Diechteinstein et un de ses amis, ont été souper à Madrid, dans le Bois de Boulogne, avec les demoiselles Létoile et Saint-Yon.

Le 24, M. Croffort, Anglais, a fait une passade avec la demoiselle Noyan que M. Danizy, fils du Président, entretient : il lui a donné 10 louis.

Ledit jour, les demoiselles Famfalle et Constance (2), de chez la Hecquet, ont été souper à l'hôtel d'Artois, rue Guénégaud, soi-disant avec un Turc. Je pense que c'est un envoyé du Mogol qu'on dit revenir d'Angleterre où il a terminé un traité avec cette couronne.

de Louis XV, depuis marquise de Siran Cavanac. Elle demeura à Passy dans une maison située rue Gavarni 16. J. Janin habita cette demeure démolie en 1890. Cf. Dugast. de Bois Saint-Just T. III, 151. — Barbier : *Journal.* — Fars Fausselandry (vicomtesse de). *Mémoires* par Lamothe Langon. Paris, 1830, p. 86. — Piton. *Marly-le-Roi : son histoire.*

(1) Boulainvilliers (le président de). — *Journal.*

(2) Constance. — *Journal.*

Le 26, M. le Président de Salabery, M. Morfontaine, maître des requêtes, ont soupé chez Brissault avec la demoiselle Devaux (1).

Ledit jour, le colonel L'Escot a soupé chez la demoiselle Marquise, des Italiens.

1764, 13 juillet.

M. le comte de Rochefort vient de prendre à ses appointements la demoiselle Raye, figurante dans les ballets de l'Opéra. Il lui donne 40 louis par mois, entretient sa garde-robe, lui prête journellement un carrosse et si elle se conduit bien, à la fin de l'année, il doit lui faire présent de douze mille livres. Cette demoiselle paraît satisfaite de cet arrangement et elle en avait grand besoin, car le voyage de Francfort, loin d'avoir été profitable, a achevé de l'épuiser et les créanciers à Paris commençaient à lever le verbe. Aussi, pour se maintenir dans cette heureuse position elle a renvoyé le sieur Léger (2), danseur, son guerluchon. M. le comte de Rochefort qui désirait ce sacrifice sans paraître l'exiger, lui en a témoigné son contentement par toutes sortes de cadeaux. La mère Raye, de son côté, est dans l'enchantement et voudrait déjà être à la fin de l'année pour palper les 12.000 livres. Mais l'intention de sa fille est de les

(1) Devaux. — *Journal.*
(2) Léger, danseur. Ne se trouve pas dans Campardon.

placer sur sa tête et de ménager, si elle peut, au moins une couple d'années, M. de Rochefort, non seulement pour rétablir ses affaires qui sont un peu délabrées mais aussi sa réputation que l'avidité de sa mère a très fort atterrée, car personne n'ignore qu'avec cinq ou six louis, en s'adressant à sa chère maman, elle vous livrait bientôt sa chère Louison. C'est ainsi qu'on l'appelle dans le ménage. Au surplus, depuis que les actions sont montées, on cherche partout une maison entière à louer, et je crois qu'on ne serait pas fâché de s'accommoder de celle qu'occupe la demoiselle Suavy, au coin de la rue des filles Saint-Thomas, laquelle songe à battre la retraite en assez mauvais ordre, mais on voudrait tout doucement amener M. de Rochefort à acheter aussi les meubles qui sont les mêmes de feue la demoiselle Deschamps et ensuite on pourrait se flatter d'avoir l'appartement le plus élégant de Paris, ce qui donne beaucoup de relief à une jolie femme et le boudoir, seul, de cet appartement, doit valoir au moins 20 louis de plus par mois.

La demoiselle Marquise, la Marseillaise, et la demoiselle Laforest qui ne se quittaient pas, sont aujourd'hui brouillées à jamais. Elles se sont même bien battues et en voici la raison. Il a plu à la demoiselle Laforest qui n'est pas scrupuleuse de tâter de M. d'Enfernat, officier aux gardes-françaises, guerluchon de la Marquise. Celle-ci s'en est aperçue et elle vous a tyonné de bonne grâce la Laforest. Le chevalier de la Tour (1), guerluchon

(1) Tour (de la). — *Journal.*

de cette demoiselle, était tenté de se faire une
affaire avec M. d'Enfernat, mais des réflexions sur
le besoin de vivre lui ont fait avaler la pilule. Il
s'est contenté de faire de tendres reproches à la
Laforest et a exigé d'elle qu'elle ne vivrait plus
avec Marquise et son piqueur, ce qu'il a facilement
obtenu, n'étant point d'humeur à se faire arracher
les yeux pour passer ses caprices et ayant besoin
de tous ses charmes pour retrouver un autre Chavonnes qu'elle n'a pas encore remplacé. A l'égard
de la Marquise, M. de Ségur l'a quittée et M. Hocquart, l'officier, s'en est chargé. Son frère Hocquart
de Bessigny est toujours plus amoureux que
jamais de la demoiselle Fleury (1), Allemande,
qu'il a prise en quittant la demoiselle Perart, avec

(1) Il y avait trois demoiselles Fleury à cette époque,
dans le monde galant. Mlle Fleury, surnommée la Belle
et la Bête ; Fleury la douairière, à cause de son âge, et
Fleury la Jolie. Laquelle était allemande ? Ce que nous
savons, c'est que chaque fois que la « Bête » faisait un
heureux, et cela lui arrivait souvent, jamais elle ne
manquait de faire la révérence qu'elle accompagnait
d'un « Monsieur, je vous remercie ».

« Je la querellais », raconte une de ses amies, sur ce
protocole bizarre et le faisais sans succès, sa répartie
constante étant toujours : « Dame ! mes parents m'ont
appris à être honnête. »

C'était elle qui répondait au catéchiste qui lui demandait ce que c'était que l'Espérance : — L'Espérance
est un soldat aux gardes qui vient voir ma mère quand
mon père n'y est pas. — Lamothe-Langon. — *Galanteries d'une demoiselle du monde* (la Duthé). Paris, 1833.

laquelle il vivait depuis près de huit années, et tout le monde trouve fort indécent de voir mondit Sr de Bessigny, étant encore en grand deuil de monsieur son père, danser dans les bals d'Auteuil, de Passy et de Saint-Cloud des allemandes avec sa maîtresse.

La demoiselle Desforges, danseuse aux Italiens, n'a point encore réparé la perte de M. Craffort, Anglais. Elle est même obligée de se prêter à la passade, ce qu'elle a fait le dix de ce mois avec M. le marquis de Valbelle (1), par le canal de Brissault, moyennant 10 louis qui ont été partagés en frère.

M. le comte de Grossberg, Allemand, jeune homme qui paraît fort aimable, poursuit avec chaleur la demoiselle Masson (2), ci-devant danseuse dans les ballets de l'Opéra. Il lui fait même des offres si brillantes, si elle veut l'écouter, qu'elle craint de s'y laisser surprendre et, pour éviter d'en être la dupe, elle lui a dit qu'elle se contenterait de 100 louis par mois et de 12.000 livres comptant pour se mettre au courant de ses affaires. Ce propos très français a paru obliger notre étranger à quelques réflexions; il a demandé du temps pour attendre des remises et promet l'im-

(1) Valbelle (marquis de). T. I.
(2) Masson. — *Journal.* — T. I. — N'est pas dans Campardon.

possible aussitôt qu'il les aura touchées ; mais
sans argent il n'aura rien.

M. Pasquier le fils (1), conseiller au Parlement,
par ses bonnes façons a tout à fait captivé la demoiselle Le Blanc. Il l'a parfaitement arrangée chez
elle, lui a donné des girandoles fort honnêtes et
nombre d'autres bijoux. Aussi, cette demoiselle en
paraît remplie de reconnaissance ; elle a banni de
chez elle toutes les mauvaises coteries, ne lui fait
plus d'infidélités et lui prouve toute la satisfaction
qu'il peut désirer. Présentement qu'elle tient cette
conduite il peut se flatter d'avoir pour maîtresse
une des plus jolies femmes de Paris ; elle n'a
contre elle que la parole un peu rude.

1764, 13 juillet.

M. le marquis de Gersay, logé au petit hôtel de
Condé, vient de se charger d'une petite fille
nommée Jeanne Testar, âgée de 13 ans, native de
Paris. Ses père et mère vivants, ouvriers en
boucles. Il y a environ un an qu'elle a été débauchée par un nommé Peyre, garçon de chantier au
Gros-Caillou. Cette petite fille est déjà grande pour
son âge et promet d'être aussi jolie que deux autres
sœurs qu'elle a dans le monde depuis près de
trois ans. Il n'est pas étonnant que ses trois sœurs

____

(1) Pasquier fils. — *Journal.* — Rue Bourlabbé, vis-à-
vis la rue du petit Heurleur.

ayant donné dans le libertinage, la mère, qui est une ivrognesse et dont la profession n'est pas fort lucrative, loin de veiller à ses enfants et de les obliger à travailler, les envoyait mendier leur pain dans les rues et les églises. Elles étaient même soupçonnées d'y filouter des mouchoirs et pourvu qu'elles apportassent quelques deniers à la maison elles étaient bien reçues. Cependant, malgré une conduite si blâmable, cela n'a pas empêché la mère Testar d'aller rue des Cordeliers, dans la chambre garnie où M. le marquis de Gersay a mis la cadette, faire un tapage enragé en faisant parade de sa vertu, le tout pour en tirer de l'argent. Le marquis s'en est débarrassé en lui donnant quelques écus et lui en promettant d'autres par la suite. A l'égard de la petite fille, il a commencé par lui faire prendre des bains pour la décrasser et éprouver sa santé ; il lui a fait faire un petit trousseau assorti et lui a donné maîtres à lire, à écrire, de chant et de danse, afin de profiter des dispositions qu'elle annonce en tout genre et son intention, ensuite, est, si elle se conduit bien, de la mettre dans ses meubles pour la faire paraître sur un ton décent.

La demoiselle Eglée (1), qu'on a vue pendant le dernier voyage de Fontainebleau débiter ses faveurs à tous les agréables à la suite de la Cour et qu'ils savouraient avec grand plaisir parce qu'effectivement elle est fort jolie, est entretenue

(1) Eglée. — *Journal.*

depuis le retour de ce voyage par le coureur de M. le prince de Beauvau. Il faut croire que la condition de cette espèce de valetaille est d'un grand produit, car il vient de lui donner pour environ dix-huit cents livres de meubles qui sont placés dans un appartement rue Saint-Sauveur ; en outre, plusieurs robes et ne lui laisse manquer de rien pour sa subsistance et ses plaisirs.

La demoiselle Testar dont j'ai parlé, le 6 de ce mois, comme ayant quitté le sieur de Sormany pour être entretenue par M. de Gomicourt, commissaire des guerres des chevau-légers de la garde, qui lui a fait plusieurs billets considérables, vient d'associer à ce dernier M. Randon de Massane (1), receveur général des finances de Poitiers. Il lui donne quinze louis par mois pour être simplement en second, car il n'ignore point qu'elle a M. de Gomicourt, mais comme il ne vient la voir que les soirs, elle est bien aise d'employer fructueusement le reste de la journée. Cette demoiselle Testar n'est point du tout parente de celle dont il a été parlé ci-dessus ; lundi dernier, elle fut à la Comédie-Française, elle était dans toute sa parure. Le baron de Wangen y était aussi. Il la trouva très aimable ; il lui détacha un grison pour lui proposer de venir le lendemain dîner chez lui. Elle accepta la proposition et a tenu parole. Le baron, pour récompenser sa bonne foi, lui a fait présent de

(1) Randon de Marsane, rue de Richelieu, près la Fontaine.

10 louis et a paru très satisfait de sa bonne fortune.

Le marquis Descouloubre, logé à l'hôtel du Saint-Esprit, rue Saint-Benoît, ayant eu occasion de se trouver à souper avec la demoiselle Létoile, s'est arrangé avec elle sur le pied de 12 louis par mois sans prétendre la gêner.

M. le prince de Nassau, le fils, demeurant à Paris, rue de Tournon, vient assidûment chez la femme Hecquet, rue du Ponceau. Il paraît fort amoureux de la demoiselle Julie (1) qui demeure chez cette femme. Voilà trois jours de suite qu'il soupe et couche avec elle ; il la paye fort généreusement et parle de l'entretenir. Quoique cette fille soit dans cette maison, il pourrait faire une plus mauvaise emplette. Elle est grande, bien faite, d'une très jolie figure, âgée de 17 ans, d'un caractère fort doux, et n'est point du tout attachée à son métier. Elle serait au contraire très flattée d'en sortir pour vivre, à ce qu'elle dit, tranquillement avec un honnête homme.

La demoiselle Thiery (2), qui depuis sa sortie de Sainte-Pélagie a repris ses anciennes chaînes avec le Président de Lesseville, paraît être dans l'intention de les rompre pour vivre avec M. Vassal (3),

(1) Julie. — *Journal.* — T. I.
(2) Thiéry. — *Journal.*
(3) Vassal. — *Journal.*

fils du receveur général des finances de Riom. Il est question que ce jeune homme doit débuter avec elle par lui donner 30.000 livres argent comptant. Cependant, il lui fait espérer que cette affaire sera consommée sous peu. En attendant, elle lui tient la dragée haute et je pense qu'on peut bien s'en rapporter à elle, car elle aime bien l'argent, et M. Vassal fils serait bien fâché de ne pas passer pour être fort riche. C'est la manie de tous nos fils de financiers.

M. Roulié d'Orfeuil (1), Intendant de la Rochelle, est arrivé ces jours-ci à Paris. Il est venu, hier, rendre sa visite à l'ami Brissault qui lui a fait voir la demoiselle Létoile. Il a dit à cet homme que c'était sa première sortie et qu'il serait très fâché qu'on vînt à le savoir, surtout, M. le comte de Saint-Florentin. S'il fait un long séjour ici j'aurai souvent occasion d'en parler, car c'est un furieux dameret, et Brissault a raison de le regarder comme une de ses meilleures pratiques.

1764, 20 juillet.

La demoiselle Humbert dite Mongé, âgée de vingt-deux ans, grande, et bien faite, blonde de cheveux, les yeux bleus et fort vifs, la gorge belle, d'une figure fort aimable, est native de Maestrick et a été élevée à Liège où elle a tous ses parents.

(1) Orfeuil (Roulié d'). — *Journal.* — T. I.

Son père est mort notaire dans la dite ville, il y a quatre mois. Est venue il y a environ quatre ans à Paris, enceinte des faits de M. le baron de Treback, chancelier du Prince de Liège, qui a eu ses premières faveurs pour lui avoir fait obtenir la grâce d'un homme qui devait avoir la tête tranchée; est accouchée d'un enfant mort chez la nommée Bazin, sage-femme, rue des Boucheries-Saint-Honoré. M. le baron de Wangen, depuis ce temps, lui a fait secrètement du bien et l'a enfin quittée par inconstance sans avoir eu à se plaindre d'elle et sans lui avoir donné des meubles. Actuellement, elle vit avec un nommé M. Faury, banquier, âgé de 45 ans, Espagnol d'origine, demeurant rue Plastrière, vis-à-vis la Grande Poste, qui a débuté par lui faire 400 livres de rente viagère, lui donne quinze louis par mois et la défraie de tous ses ajustements. Il lui a loué un appartement Butte-Saint-Roch, qu'il lui fait meubler proprement. En attendant, elle occupe un appartement garni, rue du Bout-du-Monde, chez la nommée Galliot, couturière, où elle se conduit très sagement.

M. le chevalier Echlin, Anglais, a quitté absolument la demoiselle Lafond, des Italiens, voyant qu'il ne pouvait pas l'empêcher d'aller voir, à la prison de l'Abbaye, le petit Saimson qui y est détenu encore pour six semaines pour avoir contrevenu aux ordonnances des maréchaux de France concernant le jeu, et le susdit chevalier, depuis ce temps, fait sa cour assidûment à la demoiselle Le Clerc, entretenue par M. le comte de Bintheim. Il

voudrait bien occuper près d'elle le poste de guerluchon, mais elle prétend que cette place n'appartient qu'à un Français et comme elle ne se sent aucun penchant pour lui, elle lui a signifié que pour
obtenir ses faveurs, il lui fallait un cadeau de
200 louis. L'Anglais a trouvé ce prélude un peu
violent ; il espère que sa persévérance pourra
l'amener à des propositions plus douces et afin de
prendre patience il a été offrir cinquante louis à la
demoiselle Lafond connue pour bien plus traitable.
Elle lui a fait un accueil obligeant, et, pour cette
nuit, elle a obligé le chevalier de la Tour d'aller
coucher à son hôtel garni, et, le lendemain, a été
passer le bail d'une jolie maison bâtie sur l'ancienne voirie du boulevard Saint-Martin qu'elle
loue 2.400 livres.

La demoiselle Suavy, pour se dissiper du chevalier de Marigny qu'elle aime toujours sans retour,
donne tête baissée dans toutes les aventures. Le
Prince de Galitzin (1), ministre de Russie, en a été
fort bien traité à très peu de frais ; M. Follet,
Anglais, y va tous les jours et défraie en partie la
maison. Le chevalier de Vermondé a couché avec
elle plusieurs nuits et le fils de la dame Varnier,
la joueuse, passe pour l'ami du cœur. Si la petite
Ledoux (2), dont il est le guerluchon depuis longtemps, vient à savoir cela, ces deux femmes se
mangeront le blanc des yeux. Il n'y a pas jusqu'à

(1) Galitzin (prince). — *Journal.* — T. I.
(2) Ledoux. — *Journal.* — T. I.

Sormany le joueur dont la Suavy n'ait voulu tâter ; ils ont fait plusieurs parties de soupers ensemble chez le Suisse du Palais-Royal. Enfin, cette femme, aujourd'hui par sa conduite déréglée, perd le peu de considération qu'on avait pour elle et on peut dire qu'elle joue de son reste, car elle commence à devenir sur l'âge.

La demoiselle La Cour, âgée de 16 ans, l'une des filles du sérail de la Montigny et sans contredit une des plus jolies filles de Paris, tant par la taille que par la figure, vient de trouver une fort bonne occasion. M. de Chazot, Américain fort à son aise, fréquentait chez la Montigny pour le seul plaisir de voir cette jeune fille, car, malgré sa position, il n'y avait pas moyen d'en jouir ; elle était attachée à un nommé M. Desperrier, parent de M. Le Normand, qui lui avait promis de la retirer de cette maison et tous les conseils de la Montigny à qui tous les jours on venait offrir des sommes pour jouir de cette enfant ne pouvaient la déterminer à lui manquer. Jamais on n'a vu au sérail mener une pareille conduite, mais dont M. Desperrier l'a peu récompensée puisqu'il est parti de Paris, il y a environ huit jours, sans lui dire adieu et sans seulement payer ce qu'elle devait à la Montigny, quoiqu'il soit à son aise. Cette aimable fille a été désespérée de l'ingratitude de son amant et M. Chazot, qui désirait avec empressement sa possession, a profité, en homme adroit, de ce moment de dépit pour se l'approprier. Il l'a comblée de tout ce qu'elle pouvait désirer en ajustements, lui a fait présent de plusieurs bijoux d'or et d'une très belle bague fine et l'a fait consentir à le suivre à l'Amérique. Elle est partie avec lui il y a quatre jours pour Bordeaux où elle doit s'embarquer. Tout le monde assure que ce M. Chazot est un fort galant homme et incapable d'en mal user avec elle.

Soupers.

Le 11, M. le marquis d'Estournelles (1) et deux de ses amis ont soupé à la petite maison de la Hecquet avec les demoiselles Constance et Victoire (2).

Le 13, M. le comte d'Escars et M. de Mortemart ont soupé chez Brissault avec les demoiselles Noyan et Marquise.

Le 18, M. de Vaudreuil (3) a soupé chez la demoiselle Verdault des Italiens.

Le 19, M. Randon a soupé chez la demoiselle Létoile.

1764, 27 juillet.

M. le comte de Rochefort entretient toujours la demoiselle Raye. Cependant, voilà deux ou trois entrevues qu'il fait de suite avec la demoiselle Gautier, à sa petite maison du faubourg Saint-Ho-

(1) Estournelles (marquis d'). — *Journal.*
(2) Victoire. — *Journal.*
(3) Vaudreuil (de). — *Journal.*

noré, et il voudrait engager cette demoiselle à lui
tout sacrifier pour vivre avec lui, ce qu'elle ne
veut pas faire à moins qu'il ne commence par lui
assurer 600 livres de rente ; en attendant, il a voulu
en jouir, mais elle lui a résisté malgré 25 louis
offerts. Cela paraît d'autant plus surprenant qu'on
l'a vue à bien meilleur marché chez la femme
Gourdan, mais il faut croire que l'espérance d'être
entretenue par un homme de nom est cause de sa
résistance. Cette demoiselle Gautier vit aujour-
d'hui avec un nommé Richard (1), qui a été intéressé dans la subsistance de l'armée, la guerre
dernière. Il passe pour être à son aise ; elle a pour
guerluchon le jeune Labussière (2), marchand de
chevaux. Elle est native de Paris, d'un maître en
fait d'armes, âgée de 22 ans, de moyenne taille,
brune de teint et de cheveux, les yeux noirs et très
beaux, le nez bien fait, le visage ovale, et la physionomie agréable. C'est la même pour laquelle
le commissaire Dutilloy a essuyé un procès criminel pour avoir protégé le Sʳ de Mondoux (3),
mousquetaire noir, qui l'avait enlevée de chez ses
parents. Cette méchante affaire a conduit M. de Mondoux à l'île de Ré où il est encore et c'est moi qui
ai été chargé de sa conduite. La demoiselle Gautier demeure rue Bourg-l'abbé.

M. Château, demeurant chez M. de Sauvigny (4),

(1) Richard. — *Journal*.
(2) Labussière. — *Journal*.
(3) Mondoux (de). — *Journal*.
(4) Sauvigny (Berthier de). — T. I.

intendant de Paris, son premier secrétaire, et ayant même épousé une de ses parentes, entretient sur un très bon pied la demoiselle de Breteuil. Elle occupe un appartement de 1.800 livres, rue Neuve-Saint-Eustache, et il ne la laisse manquer de rien. En évaluant son entretien et sa dépense de bouche, je suis persuadé que M. Château n'en est pas quitte pour 800 livres par mois et cela paraît prodigieux pour ceux qui croient que M. Château n'a tout au plus que 6.000 livres d'appointements chez M. l'intendant. Cette demoiselle de Breteuil est native de Normandie et fille de condition. Elle est cousine germaine des demoiselles Quesnel-Dutorp que j'ai mises à Sainte-Pélagie d'ordre du Roi, à la réquisition de M. de Miromesnil, premier président du Parlement, leur cousin, qui s'était plaint de la conduite qu'elles menaient à Paris. Je connais depuis cinq ans la demoiselle Breteuil. Son premier amant et celui qui la mit dans ses meubles, est M. de Caze (1), directeur général des grandes gabelles, *mon cher cousin*. Elle est âgée de 24 ans, d'une taille fort mince, la figure fine et allongée et, suivant moi, tout son agrément est de posséder un air très distingué. Aussi se fait-elle appeler la baronne de Breteuil.

(1) De Caze, rue Blanche, à la Barrière blanche.

1764, 3 août.

M. le Marquis de Bandole (1), demeurant à la
barrière de Sèvres depuis près d'une année, entretient la dame veuve Meslé. Cette dame, sans
être jolie, peut cependant passer pour être aimable.
Elle est fort bien faite, très blanche de peau,
une très belle gorge, la main belle et la jambe
parfaite ; en outre, remplie de talents et de très
grande condition d'Allemagne. Avant d'être mariée, elle était chanoinesse du chapitre de Neuss,
mais tous ses avantages, jusqu'à présent, ne l'ont
pas rendue fort heureuse, car son mari, le sieur
de Meslé, était généralement reconnu pour un
mauvais sujet, possédant tous les vices de l'humanité. Il lui a fait passer sa vie dans les prisons et
après avoir dissipé des biens assez considérables
que son père qui avait la Gazette lui avait laissés,
il est enfin décédé dans les prisons du Fort-l'Evêque,
il y a environ un an, où il était détenu depuis
longtemps pour dettes, par ordonnance du tribunal
des maréchaux de France. Sa veuve alors s'est
trouvée dénuée de tout et forcée, à ce que je crois,
à renoncer à tous ses droits, ayant eu pour lui
trop de faiblesse en s'engageant dans toutes les
mauvaises affaires qu'il avait contractées, ce qui
l'a réduite à accepter les offres de M. de Bandolle,
dont la cervelle n'est guère mieux organisée que

(1) Bandolle (marquis de). — T. I.

celle de feu M. de Meslé. A la vérité, il est plus riche, mais il l'oblige de vivre comme une recluse dans une petite maison qu'il lui a fait louer, rue du Cherche-Midi, où elle ne voit jamais que sa triste figure, observant beaucoup d'économie et peut-être contrainte de se prêter à son goût antiphysique car tout le monde sait qu'il est fort entiché de ce vilain péché. Telle est la vie triste et malheureuse que mène la dame veuve de Meslé, faite sans contredit, par sa naissance, son éducation, la douceur de son caractère, pour combler un honnête homme.

La demoiselle Marquise, figurante dans les ballets des Italiens, vient de rencontrer une bonne aubaine. Un comte allemand, arrivé à Paris depuis le 27 juillet dernier, logé à l'hôtel de Bretagne, rue de la Croix-des-petits-Champs, et inscrit sur le livre de l'hôte sous le nom de M. le Comte de Forgares, de Vienne, en Autriche, chambellan de l'Impératrice-reine d'Hongrie, vient de prendre cette demoiselle à raison de 30 louis par mois, qu'il a payés d'avance et lui a donné, en outre, plusieurs robes de taffetas, sans compter quelques bijoux. Cette demoiselle Marquise n'est point jolie ; elle est très petite, mais bien faite, a beaucoup d'esprit et est mise d'une propreté séduisante. Au tête à tête elle passe pour être fort amusante ; dans toutes les parties de soupers qu'elle a faites ci-devant avec nombre de demoiselles beaucoup plus jolies qu'elle, elle a toujours été préférée. Elle demeure rue Beaurepaire, dans ses meubles.

La demoiselle Le Clair a enfin cédé aux instances de M. le chevalier Elchin, Anglais. On prétend que pour être en second il lui donne 1.200 livres par mois et qu'il lui a fait présent d'un très beau diamant. Présentement, ils ne se quittent point et profitent de tous les moments que lui laisse M. le comte de Bintheim qui, sans contredit, peut passer pour le plus complaisant de tous les hommes. Il est étonnant que, sachant toutes ces intrigues parfaitement, loin de s'en dégoûter, au contraire il redouble pour elle de générosité, car il est certain qu'il la comble tous les jours et se contente d'aller la voir un moment le matin ou le soir, en sortant du spectacle. Il est fort rare quand il couche avec elle et jamais il ne s'informe des personnes qui fréquentent chez elle. On prétend que ce qui forme son attachement pour elle est que, quoique jeune encore, il est fort usé du côté des plaisirs, par conséquent fort dur à émouvoir et que cette demoiselle a pour lui des complaisances outrées qui font qu'il se retrouve. On dit, par exemple, qu'il faut le fouetter jusqu'au sang et que la demoiselle Le Clair s'acquitte envers lui de cette cérémonie avec tant de grâce, qu'elle accompagne de tant de singeries, qu'elle en tire tout ce qu'elle veut. Il faut convenir que c'est un singulier goût et on a de la peine à se persuader qu'il soit nécessaire d'employer des cruautés pour parvenir aux plaisirs ; cependant bien des gens en sont réduits à cette extrémité et aujourd'hui il n'y a point de maison publique où on ne trouve force poignée de verges toutes prêtes pour donner aux paillards refroidis la cérémonie.

C'est là le terme et cette passion domine singulièrement les gens d'Eglise. J'en ai trouvé, dans ces sortes de maisons, nombre qui se faisaient étriller de la bonne façon, entr'autres le bibliothécaire des Petits Pères de la place des Victoires, du règne de M. Berryer, sur lequel deux femmes, après avoir usé sur son corps deux ballets [balais] entiers, furent encore obligées, faute de verges, [de prendre] un paillasson de jonc qu'elles avaient déficelé. Quand j'entrai dans ce lieu, tout son corps ruisselait de sang. Ce religieux n'est plus à Paris ; ses supérieurs l'ont envoyé en province.

La dame de Guerville qui a joué autrefois un rôle tant dans les jeux que dans la galanterie, et dont j'ai précédemment donné l'histoire sous M. Berryer, du temps qu'elle vivait avec l'abbé d'Auteroche, est présentement réduite à Compiègne avec une de ses filles fort jolie, âgée tout au plus de 15 ans, au nombre des pensionnaires de la Gourdan. Cette femme les a toutes deux habillées de pied en cape et les prodigue à tous venants. C'est un triste sort pour une femme qui se dit de condition et qui devrait jouir aujourd'hui d'une fortune aisée.

Soupers.

Le 28 juillet, M. de Vilpatour, maréchal de camp, a soupé chez Brissault avec la demoiselle Duval.

Le 29 juillet, M. Macdelane, Anglais, a soupé chez la demoiselle Verdault des Italiens.

Le 30, le marquis de Romey a soupé chez Brissault avec la demoiselle Duval.

Ledit jour, Brissault a fourni au marquis de Chimène (1), la demoiselle Jeannette (2) qui a soupé avec lui au Palais-Royal.

Le 31, Milord Farnham (3), et un de ses amis, aussi Anglais, ont soupé chez Brissault avec les demoiselles Jeannette et Duval.

1764, 10 août.

La demoiselle Cremille vient de mettre le comble à ses mauvais procédés pour M. de Montier, chevalier de Saint-Louis, employé par une commission particulière du ministre au département de Soissons comme commissaire des guerres. C'est par erreur que dans mes feuilles dernières j'en ai parlé sous le nom de Dumontel. Voici le fait. M. de Montier, après avoir eu la faiblesse de reprendre cette demoiselle malgré les infidélités qu'elle lui avait faites avec M. Chestret (4), ainsi que je l'ai annoncé, lui a donné en moins de quinze jours une paire de boucles d'oreilles de 2.000 livres et

(1) Chimène (marquis de). — *Journal*. — T. I.

(2) Jeannette. — *Journal*.

(3) Farnham (milord). — *Journal*. Ami de Garrick. — De Goncourt. *La Clairon*.

(4) Chestret. — *Merc. de France*. — De Goncourt. *La Clairon*, p. 222.

une tabatière d'or fort belle. Il paraissait content, parce que cette fille lui témoignait journellement combien elle était pénétrée de lui avoir manqué, mais ce n'était que pour mieux le tromper, car M. de Montier, plein de confiance, ayant reçu des ordres pour se rendre à Soissons, lui a laissé de l'argent, non seulement pour vivre, mais aussi pour pouvoir s'amuser honnêtement. Elle en a profité, aussitôt que sa première lettre l'a eu informée qu'il était rendu à son département, pour payer à son hôte le terme présent et le suivant, ne lui ayant point donné congé, et a envoyé chercher un tapissier auquel elle a vendu tous ses meubles et s'est retirée chez la demoiselle Vanoffle, son amie et son conseil, demeurante rue Neuve-des-Petits-Champs. Tout cela s'est fait d'accord avec M. Chestret, qu'un pareil exemple d'ingratitude devrait cependant bien instruire. Mais non, il se flatte que cette demoiselle l'adore et pour lui en témoigner sa reconnaissance, il a débuté par lui donner au moins 14.000 livres, tant en meubles que bijoux et en attendant que son nouvel appartement soit arrangé, elle restera chez la Vanoffle, ou ira à la campagne, n'étant point fâchée aussi de laisser passer la première humeur de M. Demontier qui est déjà instruit de la perfidie de cette fille et qui a promis, à son retour, de s'en venger à tel prix que ce soit, ce qui inquiète fort M. Chestret qui n'est point du tout querelleur. On dit ce dernier intéressé dans les affaires du roi et employé à la Compagnie des Indes.

M. Toquiny (1), banquier, a quitté la demoiselle Marsilly de l'Opéra, qu'il entretenait depuis un an très honnêtement, et a pris la demoiselle La Croix (2), attachée aussi au même spectacle en qualité de figurante dans les ballets, qui vivait depuis deux mois avec M. de Pressigny (3), fils de feu M. de Maison-rouge ; il en est furieux et débite à son ordinaire mille horreurs sur cette demoiselle, disant hautement qu'elle lui a donné du mal, ce qu'il cherche à persuader en prouvant à tout le monde qu'il a effectivement la maladie vénérienne et cela est vrai. Mais la demoiselle La Croix soutient qu'il ne l'a pas approchée et a exigé de son nouvel amant une vérification d'experts qui constate la pureté de son sang.

M. Pajot de Villers (4) a quitté la grande La Croix qui a été à Sainte-Pélagie et avec laquelle il vivait depuis dix-huit mois, et s'est chargé d'une fille d'une assez mauvaise vie, nommée Dezormeau, qui demeure en chambre garnie rue du Four Saint-Honoré. La demoiselle La Croix demeure rue Bourbon, à la Porte Saint-Denis. C'est pour le chevalier de Saint-Sulpice (5) que ce divorce est arrivé et elle vit présentement avec lui ; il lui donne 15 louis par mois et il lui a fait présent

(1) Toquiny. — *Journal.*
(2) Lacroix. — *Journal.* — T. I.
(3) Pressigny (de). — *Journal.* — T. I.
(4) Villers (Pajot de). — *Merc. de France.*
(5) Saint-Sulpice (chevalier de). — *Journal.*

d'une fort belle montre à répétition. Je crois que les raisons qui ont déterminé la demoiselle La Croix sont qu'elle n'aimait point vivre à la campagne où M. de Villiers passait sa vie, ayant assez d'amour-propre pour croire que les meilleures fortunes doivent lui venir en demeurant à Paris.

M. le marquis de Brancas (1) qui se vantait si fort depuis son retour de Saumur de n'être plus dupe et d'être grand connaisseur, vient pourtant, malgré sa prévoyance, d'acheter une quarantaine de louis une galanterie des plus poivrées. C'est avec la demoiselle Lavaut (2), figurante à l'Opéra, qu'il a fait cette belle acquisition. Il y a lieu de croire qu'elle tient cette marchandise du sieur Lany (3), maître des ballets, dont les caleçons ne passent point pour être fort propres et qui la fréquente. Mais que ne fait-on point pour être admise dans un pas de deux ou pour figurer au premier rang dans un joli ballet : c'est le tour de bâton du sieur Lany et personne n'entend mieux que lui à le faire valoir. Cette galanterie aura certainement des branches, car la demoiselle Lavault est très séduisante et aime bien l'argent. M. de Brancas m'a conté lui-même le sujet de ses larmes d'un air confus, et je ne l'ai point épargné.

La demoiselle Testar, qui vivait anciennement

(1) Brancas (marquis de). — *Journal.* — T. I.
(2) Lavault. — *Journal.* — N'est pas dans Campardon.
(3) Lavy. — *Journal.* — T. I.

avec Sormany le joueur, et depuis quelque temps avec M. Perault, riche Américain, part incessamment avec ce dernier pour Saint-Domingue où il a de riches habitations. Pour la déterminer à le suivre dans ces pays lointains, il lui fait donation, avant de partir, d'une habitation et tout ce qu'il faut pour la desservir, estimée 50.000 livres par tous les habitants. Le contrat de cession doit en avoir été passé chez le notaire, rue Coquillère. Ce sera une très jolie fille de moins à Paris et dont la blancheur éblouissante fera un contraste parfait avec les négresses. Le sieur Sormany en paraît tout à fait consolé ; il vit présentement avec la petite Adélaïde, de l'Opéra, sœur de la Rozalie et de la Boisléon. Il lui a donné environ 1.800 livres de meubles et la soutient, du reste, sans compter les frais qui [qu'il] fait pour son ancienne douairière qui demeure chez lui. C'est vraiment un puits d'or que d'être banquier de Pharaon.

M. le marquis d'Egreville (1), frère de M. de Gamache, qui a pris un autre nom depuis son mariage, et que je ne me rappelle point, a pris depuis quelques jours à ses appointements une jeunesse fort aimable, nommée Verceil (2), qu'on a vue ci-devant circuler chez la Gourdan et d'autres de son espèce ; il l'a placée dans une petite maison située

----

(1) Egreville (d'). — *Journal*. — Sur sa sœur, comtesse du Romain, Cf. Casanova.

(2) Verceil. — *Journal*.

à Montmartre qu'il a louée de Colin le boucher (1)
à qui elle appartient. Il vient la voir tous les jours
et ne la laisse manquer de rien. Cette fille avec le
temps fera du bruit dans le monde; elle a tout ce
qu'il faut pour y réussir.

M. le marquis de Chimène a fait, le 5 de ce mois,
une passade avec la demoiselle Desforges des
Italiens qu'il a payée 25 louis, c'est Brissault qui
lui a maquignonné cette intrigue. Elle a été souper
et coucher avec lui à sa petite maison, et, le lendemain, a partagé l'aubaine avec Brissault qui avait
eu encore particulièrement quatre louis de Chimène.

Soupers.

Le milord Farnham a soupé, avec deux autres
Anglais de ses amis, chez la demoiselle Verdault
des Italiens, le 5 de ce mois.

Brissault a donné aussi, le 4 et le 6 de ce mois,
à souper chez lui à plusieurs Anglais, dont il ignore
le nom, avec les demoiselles Saint-Yon, Verdault
et Jeannette; mais comme ils ont été contents et
bien traités, il espère les revoir cette semaine et
être informé de leurs noms. Tout ce qu'il m'a pu
dire, c'est qu'ils logeaient rue des Petits-Augustins,
à l'hôtel d'Orléans, et cela suffit pour les connaître.

(1) Colin le Boucher. — T. I.

M. le marquis de Clermont-Tonnerre (1) s'est coiffé depuis peu de la demoiselle Baize (2), dont il paraît fort amoureux. Cette petite fille, par son inconséquence et sa légèreté, lui rend la vie dure et, pour peu qu'il réfléchisse, cette intrigue finira bientôt, car la demoiselle Baize, malgré sa jolie figure, ne peut pas fixer longtemps un galant homme. C'est une fille charmante pour une passade ou pour une partie de souper.

Le marquis de Fleury (3) est toujours fort amoureux de la demoiselle Pelin (4) qui le mène pour ainsi dire au bâton. Il lui sacrifie tout ce qu'il peut et je m'étonne que les soupçons ne soient pas tombés autant sur lui que sur un autre, au sujet de ce qui s'est passé chez Mme de Durfort, puisqu'il y était aussi et, avec le temps, on connaîtra peut-être que je ne me suis pas trompé. Il joue gros jeu, et est souvent très court d'argent. Il est d'un caractère sombre, pour mieux dire sournois, et la demoiselle Pelin aime bien les diamants. Il y a environ deux ans qu'elle dit qu'on lui avait volé les siens, ce qui n'a pas encore été prouvé, et ce, pour engager M. le prince de Conti à lui en donner d'autres.

(1) Clermont-Tonnerre (marquis de). — *Merc. de France.*
(2) Baize. — T. I.
(3) Fleury (marquis de). — T. I.
(4) Peslin (Marguerite-Angélique), danseuse. — Campardon. *Opéra*, II, 226.

1764, 17 août.

Les aventures de cette semaine ne peuvent être
regardées que comme des passades et c'est Brissault qui les a presque toutes ménagées. Le 11,
M. le comte de Thiars s'est amusé avec la petite La
Croix figurante dans les ballets de l'Opéra, entretenue par le sieur Toquiny, banquier ; le même jour,
M. Andreus, Anglais, a soupé avec la demoiselle
Fontaine, jeune fille fort aimable, demeurant rue
du Bout-du-Monde, arrivée depuis quinze jours de
Bordeaux. Il lui a fait des propositions de l'entretenir pendant son séjour à Paris, mais elle ne les
a pas trouvées assez avantageuses ; le détail paraît mieux son fait, et le 13, 14, et 16 de ce mois,
elle a reçu les offrandes de M. Reeghy, autre Anglais, de M. l'abbé Darty (1), de M. Randon, de
M. Deforceville (2), commissaire des guerres, attaché à M. le prince de Soubise, et du marquis de
Romey. Le tout rassemblé lui a procuré pour sa
semaine une rente de quarante louis, déduction
faite des droits de courtage. Cette demoiselle espère incessamment être reçue dans les ballets de
l'Opéra et elle a tout ce qu'il faut pour y réussir,
jolie figure, taille fine, jambe brillante et un fond
de coquetterie inépuisable. Elle n'a cependant encore que dix-neuf ans : certainement cela promet

(1) Darty (l'abbé). — *Journal.*
(2) Forceville (de). — T. I.

beaucoup. La demoiselle Verdault, figurante aux
ballets des Italiens, s'en tient aussi au détail ; elle
est pourtant d'une figure bien capable de fixer un
honnête homme, et, sans vouloir la flatter, elle est
la mieux de tout ce spectacle ; mais elle aime bien
la dépense, n'est point susceptible d'attachement,
et est d'un caprice qui devient même bouffon par
ses variations. Cela amuse bien un moment, mais
il y a peu d'hommes qui aiment à en supporter
seuls les frais. C'est une fille vraiment comique et
que le tempérament conduit. Souvent on l'a vue,
dans la même journée, pleurer amèrement pour
trois ou quatre personnes différentes, et en faire
naïvement l'aveu à celui qu'elle aurait dû ménager
le plus. De pareilles confidences ne font point
l'éloge de son esprit, mais sont encore bien moins
récréatives et lorsqu'on veut lui en faire des représentations, elle répond sincèrement, qu'il ne lui est
pas possible d'aimer tout un jour le même homme.
Aussi estime-t-elle beaucoup la maison de Brissault, c'est un tableau mouvant qui lui plaît in-
finiment, et qui lui a procuré cette semaine M. de
Chombert, M. Ferrand, le marquis de Romey,
M. Desaulteux (1), commissaire des guerres attaché au maréchal d'Estrée, et M. de Caraman (2).
Voilà ce qu'il lui faut et la passade est son véritable élément, et la classe où elle demeurera toujours.

(1) Desaulteux. — *Journal.*
(2) Caraman (marquis de). — *Journal.*

Le colonel comte de Sormany, banquier de Pharaon, devrait être pensionné par la Faculté : cet homme est exactement une pourriture ambulante ; quiconque en approche est sûr d'être infecté. La pauvre Adélaïde, de l'Opéra, en a fait la cruelle épreuve ; elle s'est trouvée séduite par 15 ou 18.000 livres de meubles qu'il lui a donnés et est aujourd'hui réduite à les manger pour se faire traiter. L'agréable danseur Pitrot, danseur élégant, maudit le Sormany de tout son cœur et pour avoir voulu se payer de ses cachets sur son écolière, il se trouve forcé, crainte d'accident, d'abandonner l'entrechat et de danser terre à terre. La demoiselle Raye aînée, sa femme, jure de s'en venger et, en attendant, avale des pilules. Le Sormany prétend que c'est un vieux mal qu'il tient de la demoiselle Testar, son ancienne maîtresse, et mange à toute sauce du sel de nitre, disant qu'il a assez d'acquis pour se traiter par lui-même.

1764, 24 août.

M. le comte de Rochefort a quitté absolument la demoiselle Raye, ne pouvant pas soutenir la dépense de cette maison ; en moins de six semaines il lui a donné près de 9.000 livres et avait encore le désagrément de la voir accablée de créanciers. Il est vrai que la mère Raye, qui entend parfaitement le négoce, avait la plus grande attention de ne les faire annoncer que lorsque le comte était avec sa fille. A la fin, cela lui a déplu ; il a cru s'apercevoir qu'on ne cherchait qu'à le faire dupe et il ne se trompait pas. Cependant, rempli toujours de bonne volonté pour la demoiselle qui véritablement mérite toute la tendresse d'un honnête homme, si elle ne vivait point avec sa mère, il lui a signifié qu'il la comblerait de tout ce qu'il pourrait si elle voulait quitter sa chère maman, sinon qu'il la quitterait. Elle a mieux aimé lui voir prendre ce dernier parti, et M. le comte, pour s'en venger, s'est chargé aussitôt de la demoiselle Danguy, fille de feu Danguy, fameux joueur de vielle, à laquelle il a bien fait présent pour 6.000 livres d'effets et le tout croyant piquer la demoiselle Raye, car on n'imagine pas que cette intrigue puisse durer longtemps, le comte étant accoutumé à de plus jolies figures que cette demoiselle. Et, effectivement, cela ne l'empêche pas de faire des soupers avec d'autres demoiselles. La petite La Croix, de l'Opéra, a eu cet avantage, le 22 de ce mois ; elle a été souper avec lui à sa petite maison du faubourg Saint-Honoré et sa complaisance lui a valu 20 louis d'or.

On prétend que le sieur La Ruette, comédien aux Italiens (1), commence à s'humaniser sur la vertu de sa femme qui fait tout le plaisir du même spectacle par sa jolie voix (2). La chronique scandaleuse assure que c'est une affaire arrangée avec

(1) La Ruette. — Campardon. *Ital.*
(2) Mme la Ruette — T. I. — Campardon. *Ital.*

M. de Cramayel, fermier général (1). Tout le
monde sait que lorsque La Ruette s'aperçut il y a
quelques mois que sa femme répondait aux agaceries de ce financier, il la frotta d'importance ; mais
une pluie d'or tombée à propos lui a rendu le caractère liant. Il se contente présentement de trouver toutes les nuits sa femme empressée à lui
plaire, et s'embarrasse peu, à ce qu'on dit, des
plaisirs qu'elle procure à d'autres dans la journée,
pourvu que la table soit toujours bien servie et
qu'il ne lui en coûte pas d'argent. Combien de mé-
nages, à Paris, subsistent de cette façon ! Quoi qu'il
en soit, La Ruette fait très bon ménage. Il n'en est
pas de même de M. de Cramayel. Certains cadeaux
faits par M. Bertin (2), des parties casuelles, à la
dame La Ruette, commencent à l'intriguer et il n'a
pas tort. Ce dernier a une réputation de générosité
si bien établie auprès des femmes de cette espèce
que jusqu'à ce jour on n'a point vu encore de cœur
lui résister. Cependant, il a été tant de fois dupe
que cela devrait le corriger. En outre, il a aujour-
d'hui une femme aimable qui l'adore et qui profite
avec tout l'empressement possible des occasions
de lui témoigner sa tendresse. Elle lui a fait préparer la fête du monde la plus agréable pour son
bouquet. Il se nomme Louis. Le sieur Caillot (3),
La Ruette, sa femme et la demoiselle Desgland (4),

(1) Cramayel. — *Journal.* — T. I.
(2) Bertin. — *Journal* ; — T I.
(3) Caillot. — Campardon. *Ital.*
(4) Mlle Desgland. — Campardon. *Ital.*

tous acteurs ou actrices aux Italiens, doivent représenter aujourd'hui sur son théâtre, à sa petite maison de Passy, deux pièces, savoir : *Le Baiser pris et rendu*, pièce nouvelle d'Ansseaume, et la *Laitière* qui a déjà été donnée aux Italiens. Ce spectacle doit être embelli de deux ballets d'enfants de la composition du sieur Pitrot. La femme de ce danseur, qui est présentement de la première force, y dansera deux entrées et une chaconne. Les répétitions de ce ballet se sont faites sur le théâtre des Italiens. Mme Bertin s'y est toujours trouvée. C'est incroyable l'émulation qu'elle a jetée parmi tous les sujets pour que tout se passe à la satisfaction de son mari. On assure qu'il n'en est point du tout prévenu. Cette dame emporte les suffrages de tout le monde.

Le surplus des intrigues de cette semaine qui sont parvenues à ma connaissance ne sont que des passades. M. Roulié d'Orfeuil, intendant (1), le 18 de ce mois, a vu la demoiselle Desforges, danseuse aux Italiens, et lui a donné 25 louis. M. de la Fare, chevalier de Malte, a soupé, le 19 du présent, avec la demoiselle Fontaine, demeurante rue du Bout-du-Monde, jeune fille très aimable, arrivée depuis peu de Bordeaux, et lui a donné 12 louis. Le marquis de Valbelle (2), le même jour, a soupé avec la petite La Croix de l'Opéra et lui a donné six louis.

(1) Rouillé d'Orfeuil. — *Journal*.
(2) Marquis de Valbelle. — *Journal*. — T. I.

Le marquis de Vorgemont a soupé, le 22, avec la demoiselle Verdault (1). Il est convenu de lui donner 12 louis par mois, sans la gêner.

Le 23, milord Cowentry (2) a soupé chez Brissault avec la demoiselle Verdault et a donné 10 louis. Le même jour M. de Vorgemont a couché avec elle.

Le 18, les demoiselles Famfalle et Jeannette (3), de chez la Hecquet, ont été dîner rue des Amandiers avec M. le Procureur du Roi, où il s'est trouvé plusieurs de ses amis.

Le 20, M. de Paulmy d'Argenson (4), ambassadeur, est venu chez la Beauchamp, rue des Deux-Portes-Saint-Sauveur, et s'est amusé avec cinq filles qui l'ont manualisé à tour de rôle et elles ont eu toutes les peines du monde à en tirer un soupir.

Le sieur Pitrot, danseur, a reçu hier par une lettre de change sur MM. Tourton et Baur (5), la somme de 40.000 livres pour ce qui lui restait dû

(1) Mlle Verdault. — *Journal.* — T. I.
(2) Milord Cowentry. — T. I.
(3) Mlle Jeannette. — *Journal.*
(4) Paulmy d'Argenson, 1722-1787, fils du ministre des Affaires étrangères, dit le *marquis de Paulmy,* fondateur de la bibliothèque de l'Arsenal.
(5) Tourton et Baur, banquiers, rue des Deux-Portes, vis-à-vis la rue Beaurepaire.

de ses appointements du temps qu'il dansait à
Dresde au spectacle du feu roi de Pologne.

1764, 31 août.

Le marquis de Liré, demeurant au Luxembourg,
cour des Fontaines, vient de prendre des arrangements avec une jeune fille nommée Dubois, fort
jolie, logée rue des Vieux-Augustins, à l'hôtel
d'Artois, qui circule depuis un an chez la Gourdan
et la Dumas. Il lui donne 12 louis par mois en
attendant qu'il lui ait fait meubler un appartement.
Il lui a proposé aussi de lui faire faire un habit
d'homme pour venir le voir tous les matins, ce
qu'elle a refusé, ne voulant point s'exposer; en
conséquence, il lui a fait louer une chambre garnie
particulière où il va la voir tous les soirs. Il a exigé
d'elle le plus grand secret, ayant, à ce qu'il dit, les
plus fortes raisons pour cacher cette intrigue à
tout le monde; elle lui a promis. Cependant, elle
est venue m'en faire part et me dit que jusqu'aux
arrangements définitifs elle continuerait de faire
quelques passades, 12 louis n'étant pas suffisants
par mois pour la défrayer. C'est ainsi que vivent
la plupart de toutes les femmes.

La demoiselle Dauvilliers, âgée de 17 ans, figurante dans les ballets de la Comédie Italienne,
d'une très jolie figure, petite de taille, mais très
bien faite, que j'ai annoncée au commencement de
l'année dernière entretenue par le général Luck-

ner (1), vit présentement avec M. le baron d'Astimbeck qui a pour elle les meilleurs procédés. Il lui
donne 20 louis par mois et lui fait sans cesse de
petits cadeaux. Cette jeune personne vit avec sa
mère, qui, contre l'ordinaire, prêche sans cesse à
sa fille la constance. Ils occupent tous deux un
petit appartement honnêtement meublé, rue Saint-
Honoré, près celle de l'Arbre sec. La paix règne
dans ce ménage et le baron, sans éprouver d'infidélité, jouit tranquillement de sa petite maîtresse,
qui, de son côté, refuse constamment toutes les
propositions qui lui sont faites au spectacle.

La demoiselle Parmentier (2), âgée de vingt-deux
ans, grande, très bien faite, d'une très jolie figure,
l'air décidé et annonçant la volupté, ayant été fort
longtemps entretenue par M. de Paolucci (3), ministre de Modène, et par M. Nalais, riche commerçant, qui lui donnait 50 louis par mois, s'était enfin
prise de passion pour un jeune homme, nommé
La Combe, qui lui a tout mangé en moins d'une
année et l'avait réduite en chambre garnie, malgré
toutes les passades qu'elle faisait encore, il y a six
mois, chez Brissault et qui, quelquefois, lui rap-
portaient par mois jusqu'à 60 louis. Enfin, lassée
d'être dans la misère et souvent battue par un
homme pour qui elle se sacrifiait, elle vient de
rompre totalement avec lui et s'est rendue aux
empressements d'un autre jeune homme nommé

(1) Général Luckner. — T.I.
(2) Mlle Parmentier. — *Journal.* — T. I.
(3) Paolucci. — *Journal.*— T. I.

Simon, âgé de 28 ans, fils d'un batteur d'or de la rue Saint-Denis, qui vient d'acheter une charge chez le Roi, de fourrier des logis. Il lui a fait meubler un appartement, rue Montmartre, au coin du cul-de-sac Saint-Pierre, de 500 livres de loyer par an et lui fournit tout ce qui lui est nécessaire pour son entretien et sa subsistance. Mais comme elle craint qu'il ne puisse la garder longtemps, sachant que toute sa fortune ne consiste qu'en 50.000 livres et que ses parents pourraient trouver mauvais la dépense qu'il fait pour elle, elle a eu soin de se faire donner, au bas du mémoire des meubles qui monte à 4.000 livres, une quittance du tapissier qui les a fournis, car elle lui en a payé la valeur, et le sieur Simon, en son particulier, a fait à ce tapissier des lettres de change. Certainement, lorsque la famille de ce jeune homme sera instruite de sa conduite, elle ne tardera pas à vous porter ses plaintes, si elle veut prévenir la ruine totale du dit Simon, qui, en moins d'un an, aura mangé avec cette demoiselle tout son avoir.

M. de Moutier, commissaire des guerres, malgré l'ingratitude et la perfidie de la demoiselle Cremille (1), sa maîtresse, qui a profité de son absence pendant le voyage de Compiègne pour vendre tous les meubles qu'il lui avait donnés pour se livrer à M. de Chestret, directeur de la Ferme de Poissy, fait depuis son retour toutes les recherches possibles pour ravoir son ingrate, mais la demoiselle

(1) Mlle Crémille. — T. I.

Cremille ne veut pas absolument s'y prêter. Elle veut, auparavant, plumer le sieur de Chestret qui l'accable de bienfaits. Cependant, on dit que sa famille commence à être alarmée de cette intrigue, parce qu'elle craint qu'elle ne dérange sa fortune et que cela ne nuise à sa réputation si les intéressés de la Ferme venaient à le découvrir. On prétend que M. de Chestret, par la crainte que lui et cette demoiselle ont de M. de Moutier, la tient cachée dans une chambre de l'appartement qu'il occupe, rue Notre-Dame-des-Victoires, au bureau de la Régie, ce qui ne peut faire effectivement, si cela est vrai, qu'un très mauvais effet contre lui si on vient à le savoir.

Le chevalier de la Tour (1), guerluchon de la demoiselle Laforest, est parti pour son pays. Le petit comte Doulchy l'a remplacé et il se plaint aujourd'hui qu'elle l'a gratifié d'une galanterie très cuisante. Cela ne doit pas faire rire M. Pajot de Villers qui vient de s'en charger pour l'entretenir. La grande La Croix qu'il avait auparavant ne manque pas de lui demander toutes les fois qu'elle le rencontre s'il boit son vin pur.

M. de Fontanieux (2), intendant du garde-meuble du Roi, a rompu tout à fait avec la demoiselle Dornay (3), figurante dans les ballets de l'Opéra,

(1) De la Tour. — *Journal*, 300.
(2) Fontanieu.— *Journal*. — T. I.
(3) Mlle Dornay. — *Journal*. — T. I.

parce qu'il prétend qu'elle l'a forcé d'avaler des pilules. Voilà plusieurs fois qu'on taxe cette demoiselle d'avoir une santé fort incertaine.

M. de Fontanieux voudrait reprendre ses anciens errements avec la demoiselle Wolf (1), mais elle ne veut point y consentir à moins qu'il ne lui donne pour pot de vin 4.000 livres et 25 louis par mois comme par le passé.

La demoiselle Noyan (2), dite la baronne de Varbeck, entretenue par M. Frémont-Dumazy le fils, prétend que les informations que le ministre a demandées, sur son compte, pendant le voyage de Compiègne, n'étaient excitées qu'à la sollicitude de M. le prince Galitzin qui désirait la connaître plus particulièrement et qu'elles avaient procuré un bon effet, puisque le ministre lui avait fait un accueil favorable et avait eu même la bonté de relancer M. Dumazy au sujet de mauvais procédés qu'il avait eus pour elle.

M. de Pressigny (3) aurait grande envie de renouer avec la demoiselle Desforges (4) des Italiens ; mais cette demoiselle craint qu'il ne soit pas bien guéri. Il vient cependant de passer à fond les grands remèdes et lui offre 100 louis comptant et 25 louis par mois, à condition qu'elle ne fréquente

(1) Mlle Wolff. — *Journal.*
(2) Mlle Noyan. — *Journal.* — T. I.
(3) De Pressigny. — *Journal.* — T. I.
(4) Mlle Desforges. — *Journal.* — T. I. 372.

plus le sieur Garnier, danseur au même spectacle,
ce qu'elle ne veut point faire, son intention étant
de se marier avec lui. On dit même que les bans
sont publiés.

1765, 4 janvier.

M. le chevalier Elchin ne s'est point démenti avec
la demoiselle Le Clair (1) ; il vient de luy faire
présent, pour ses étrennes, d'une rivière de diamants faite par Jacquemin, qu'il a payée comptant
27.000 livres, plus d'une bague d'un seul diamant
de 6.000 livres et d'une robe d'étoffe d'or la plus
riche. Cette demoiselle depuis le premier de l'an
est tous les jours au spectacle dans la plus grande
parure et paraît insulter à toutes celles qui n'en ont
pas autant qu'elle. Il est certain qu'elle est aujour-
d'hui la fille de Paris la plus brillante ; le chevalier
en est dans l'ivresse et ses compatriotes le regardent
comme un fol. Il est vrai qu'il n'est pas assez riche
pour soutenir une dépense si prodigieuse. Voilà
plus de 60.000 livres qu'il lui donne en cadeaux
depuis trois mois, et les 13.500 livres qu'il a reçues
à peu près dans ce temps, provenant de la vente
d'une de ses terres, doivent prodigieusement s'avan-
cer. J'entendais dernièrement milord Marche, par-
lant de luy, dire à un autre Anglais qu'il vouloit le
voir, sous un an, réduit dans la misère et bien re-

(1) Mlle Le Clair. — T. I. 170.

gretter ses folies. C'est fâcheux, car c'est un aimable cavalier.

Tout le monde est instruit présentement que
c'est M. le duc de Fronsac (1) qui a envoyé à
Mlle Collette (2), actrice à la Comédie Italienne, les
boucles d'oreilles et le sultan énorme (3) dont il a
été parlé dans les anecdotes de la semaine dernière. Cette demoiselle aussi en tire bien vanité.
Elle est toute bouffie. A peine daigne-t-elle présentement regarder ses compagnes et, malgré le mystère que M. le duc voudrait garder dans cette intrigue, elle a grand soin, par ses airs mystifiés, de
l'annoncer au public. Cependant, il faut lui rendre
la justice de convenir qu'en considération de l'honneur que luy fait M. le duc, elle a expulsé tous les
gogluriaux qui lui faisaient la cour et n'a conservé
que le seul Lignerac (4) qui la voit toujours secrètement. Il n'est pas étonnant que M. le duc de
Fronsac se soit laissé aller à un caprice pour Collette ; il a de si bons exemples sous ses yeux. Le
maréchal de Richelieu (5), son père, pour entretenir chez lui la chaleur naturelle, a pris depuis
quinze jours à ses appointements la demoiselle

(1) Fronsac (duc de). — *Journal.* — T. I.
(2) Mlle Collette. — *Journal*, 320. Est-ce Mlle Collet,
morte le 22 nov. 1765 à 21 ans ? — Campardon.
Italiens.
(3) Sultan. Diamant.
(4) Lignerac. — *Journal.* — T. I.
(5) Richelieu (de) — *Journal.* — T. I.

Pinet (1), actrice à la Comédie Française, cy-devant
entretenue par M. de Valbelle et plus anciennement par le marquis de Villeroy (2). Il faut croire
que M. le Maréchal lui a trouvé plus d'action dans
le tête-à-tête qu'elle n'en a sur la scène, sans quoi
il risquerait de s'enrhumer. Quoiqu'il en soit, cette
intrigue est déclarée.

On assure aussi que M. le duc de Duras (3)
prêche d'exemple à MM. ses fils et que la petite
Fanier (4), actrice aux Français, est en partie cause
des nouvelles douleurs de goutte dont ce seigneur
est attaqué depuis peu.

M. le prince d'Anhalt (5) entretient toujours à
grands frais la demoiselle Dubois (6), actrice au
même spectacle ; il lui a donné, à ce qu'on dit, des
riches étrennes, mais on ne les détaille pas encore.
Les domestiques de cette demoiselle sont fort contents de lui ; il leur a donné 15 louis d'or. M. de
Fitz-James (7) fils est le guerluchon en faveur et
lui sacrifie exactement les 25 louis qu'il a par mois
pour ses menus plaisirs, car il est toujours sans un

(1) Mlle Pinet. — Campardon. *Com. Franc.* — T. I. 281.
(2) Mis de Villeroy. — *Journal.* — T. I.
(3) Duc de Duras. — *Journal.* — T. I.
(4) Mlle Fanier. — Campardon. *Com. Franc.*
(5) D'Anhalt (prince). — T. I. 262.
(6) Mlle Dubois. — *Journal.* — T. I. — Campardon,
Com. Franc.
(7) Fitz James (de). — *Journal.* — T. I.

sol, et Brissault est obligé de le marquer à la taille lorsqu'il vient chez lui passer quelque fantaisie.

M. le comte de Rochefort (1) tient encore avec la demoiselle Lafond (2), des Italiens. On ignore leurs arrangements, mais ils ne dureront pas. Il commence à s'en lasser et disait hautement, mercredi dernier, au foyer, qu'il ne pouvait pas y tenir, que cette demoiselle était d'une bêtise à périr. Il est vrai qu'on ne peut l'être davantage. Simson (3) fait courir le bruit qu'il est parti pour la Hollande afin de lui laisser faire ses affaires, mais il n'a pas passé les barrières.

La dame Limbourg, qui demeure au bout de la rue de la Ville-l'Evêque, en face de l'hôtel de M. le comte de Saint-Florentin, ne tient point, comme on dit, maison publique. Les deux demoiselles qu'on voit chez elle sont ses propres filles. L'aînée est entretenue par M. Roussel, fermier-général (4), et c'est lui qui défraie toute cette maison qu'elles doivent quitter à Pâques prochain. La mère, qui est encore assez fraîche, a pour amant un nommé Blondel, charpentier, qui demeure sur le boulevard Saint-Martin. La fille cadette n'a personne pour le présent. Tous les jours on voit la mère et

(1) Rochefort (comte de). — *Journal.* — T. I.
(2) Mlle Lafond. — *Journal.* — T. I. — Campardon. — *Ital.*
(3) Sainson. — *Journal.* — T. I.
(4) Roussel, fer. général. — *Journal*, rue Platrière, hôtel de Bullion.

ses deux filles au spectacle de Nicolet, dont le Pierrot a l'honneur de guerluchonner l'aînée. Elle lui fait journellement quelques cadeaux aux dépens du financier. C'est un plaisir de voir les contorsions qu'il fait pour plaire à sa dulcinée qui en est dans l'enchantement et qui le regarde comme un homme d'un grand mérite. M. Pierrot ne manque pas tous les jours d'aller dîner chez ces dames dont on ignore l'extraction. Si on en juge par leurs inclinations, elle ne doit pas être fort relevée. Tout ce que j'ai pu en savoir jusqu'à présent, est que leur vrai nom est Labertèche.

Il y a un nommé M. de Creton, logé à l'hôtel Dauphin, rue Croix-des-Petits-Champs, qui se dit Américain et chargé de quelques affaires de la maison de Choiseul, qui vient de prendre une petite fille qui allait chez la Gourdan faire des passades sous le nom de Jourdali, à laquelle il donne 40 louis par mois. Ce M. Creton arrive, depuis peu, de Troyes en Champagne, où il vient, dit-il, d'acheter une assez belle terre.

1765, 11 janvier.

La dame Beauregard, native de Bordeaux, veuve d'un officier de marine, à Paris depuis quelques mois, et que j'ai fait connaître dans mes notes du mois de novembre dernier, pour être entretenue par M. de la Live (1), introducteur des ambassa-

(1) La Live (de). — *Journal.* — T. I.

deurs, s'en voyant délaissée et dépourvue aujourd'hui de toutes ressources, s'est imaginée de retirer auprès d'elle une sœur cadette qu'elle avait envoyée ci-devant à Paris avec Mme de Vertamont, femme d'un Président du Parlement de Bordeaux, pensionnaire au couvent du précieux sang, où M. l'archevêque paie sa pension, où elle est connue sous le nom de Delisle, et dont j'ai rendu compte à la fin de l'année dernière, disant qu'elle s'était réfugiée à Paris pour éviter les suites du procès que son mari lui a intenté et pour lequel, dit-on, elle est condamnée, pour cause d'adultère, à être renfermée et rasée. Sa conduite, dans cette ville, n'est pas vraisemblablement meilleure que celle qu'elle a tenue à Bordeaux, puisqu'elle s'est prêtée à aller en passade chez la Dumas, femme publique. Certainement, la demoiselle Beauregard cadette, placée auprès de cette dame, ne peut manquer de devenir coquette; aussi sa sœur aînée, pour profiter de ses heureuses dispositions, et connaissant parfaitement la dame de Vertamont, a jugé à propos de la faire servir à rétablir ses affaires et a proposé sa première fleur à M. de Villepatour (1), maréchal de camp, qui l'a acceptée et qui lui a donné d'abord trente-cinq louis de pot-de-vin, sans compter 25 louis par mois pour son entretien, sous les conditions que Mlle Beauregard veillerait sur sa conduite.

Cette demoiselle est âgée de 17 ans, de moyenne taille, mais bien faite, brune de cheveux, assez

____

(1) Villepatour (de) — T. I. 93.

blanche de peau, de grands yeux, ni belle, ni laide.
Les deux sœurs demeurent ensemble, rue de Gre-
nelle, au coin de celle de la Chaise, faubourg Saint-
Germain.

M. Creton, Américain, demeurant rue Croix-
des-Petits-Champs, ayant manqué aux engage-
ments qu'il avait pris avec la demoiselle Jourdaly,
ainsi que je l'ai annoncé dans mes notes dernières, elle l'a quitté et a accepté 10 louis par mois
de M. le marquis de Bonnac, jambe de bois. On
ignore encore où il l'a placée. C'est la Gourdan qui
a fait cette affaire.

M. le comte de Bruss, Russien, entretient toujours la demoiselle Beaupré, actrice aux Italiens,
mais cette demoiselle vient de lui donner pour
adjoint M. le chevalier de Choiseul (1), qui demeure avec la dame sa mère, rue Saint-Honoré.
C'est le six de ce mois qu'il a couché avec elle pour
la première fois. Le comte de Bruss avait, ce jour-
là, soupé chez elle et y resta jusqu'à minuit ; mais
aussitôt qu'il fut parti, le chevalier entra et y passa
la nuit. Il lui a donné 25 louis. C'est beaucoup trop
cher pour son âge. Il y a même à craindre qu'elle
ne le mène fort loin, car je suis instruit qu'elle lui
demande déjà des boucles d'oreilles de 5.000 livres.
Il serait fort embarrassé s'il fallait les payer comptant, mais il peut trouver du crédit. M. le chevalier

(1) Choiseul (le chev. de). — T. I.

prétend que la dame, sa mère, est informée de cette intrigue.

M. le duc de Grammont (1) a toujours des atten_tions pour la demoiselle Dubois, dite Hébert, et, suivant toute apparence, il continuera de les avoir jusqu'à ce qu'elle soit accouchée. Mais il paraît que toutes ses affections sont présentement pour la demoiselle Fleury, ci-devant entretenue par le sieur de Goderneau (2). Mais comme M. le duc n'est pas fort chargé d'espèces, elle lui a associé secrètement M. Defontanieu fils qui lui donne 20 louis par mois. Ce M. Defontanieu, avec son air câlin, coule toutes nos jolies femmes à fond : c'est une preuve qu'il a de l'argent. Mercredi dernier, il reçut une petite mortification à la Comédie Italienne ; il m'en fit part en tâchant de me persuader combien il lui en coûtait pour garder l'incognito. Voici le fait. La demoiselle Fleury était en loge à côté de la demoiselle La Forest. Ces deux femmes ne peuvent pas se souffrir. M. Godeau (3) entra dans la loge et salua la demoiselle La Forest qui lui rendit poliment. La demoiselle Fleury, au contraire, voulut persuader à M. Godeau qu'elle lui avait rendu son salut avec un air de protection et cela fut dit tout haut. La Forest s'en scandalisa et dit au chevalier de la Tour que la Fleury affectait de lui manquer dans toutes les occasions.

(1) De Grammont (duc). — *Journal*. — T. I.
(2) Goderneau. — *Journal*, 321.
(3) Godeau, marchand limonadier. — *Journal*.

Aussitôt, le chevalier apostropha la Fleury et lui signifia très durement, et avec un ton qui n'est pas fait pour un gentilhomme, que si elle s'avisait encore de manquer à la La Forest, il la corrigerait. La Fleury lui répliqua qu'il n'était pas fait pour lui en imposer et l'humilier en public, qu'il voulait se faire passer pour le Don Quichotte des dames et qu'elle vous en porterait, Monsieur, ses plaintes, ce qui occasionna beaucoup d'autres propos entre ces deux femmes qui causèrent un peu de rumeur. Comme je m'en aperçus, je m'approchai d'elles et je leur dis d'avoir attention, au moins, de ne point intéresser dans leurs scènes leurs plaisirs, que si elles venaient à faire scandale, on leur interdirait le spectacle. Elles voulurent bien se contenir, mais M. Defontanieu me fit sentir qu'il avait eu peine à digérer le propos du chevalier de la Tour. Ce qui m'engagea à dire, très sérieusement, à la demoiselle La Forest qu'il fallait qu'elle eût la plus grande attention à ne pas compromettre des hommes ensemble et que cela donnait même un ridicule au chevalier de la Tour. Elles ont promis, l'une et l'autre, d'être à l'avenir plus circonspectes.

La demoiselle Collette, actrice aux Italiens, a reçu encore cette semaine un cadeau qui l'a beaucoup flattée : c'est un petit chien gros comme le poing et des plus jolis, qui était dans une corbeille immense, toute enrubannée et remplie de pièces de rubans. L'auteur de toutes ces galanteries garde toujours l'anonyme, mais on n'en soupçonne pas moins M. le duc de Fronsac.

M. Stivanson (1), Anglais, demeurant rue Saint-Nicaise, à l'hôtel de Malthe, vient de prendre à ses appointements une petite fille nommée Victoire, fille d'une blanchisseuse qui sort de chez la Manoury, femme du monde, rue Saint-Martin, et lui a donné 30 louis pour acheter robe et linge, et lui promet 15 louis par mois pour son entretien seulement, car elle doit loger et manger avec lui.

La demoiselle Le Blanc (2), qui vit depuis deux ans avec M. Pasquier fils (3), conseiller au Parlement, commence à devenir ménagère et à penser à l'avenir. Elle vient de se faire 1.800 livres de rente viagère avec différentes épargnes de ses guerluchonnages et 6.000 livres que lui a remboursées M. de Nolivos, capitaine aux Gardes, qui part pour la Guadeloupe, qui lui avait fait, depuis un an, un contrat de 600 livres de rente viagère. M. Pasquier n'est pas fâché de voir que les autres s'empressent d'enrichir sa maîtresse.

1765, 18 janvier.

Le prince de Limbourg est parti sans avoir renoué avec la demoiselle Siam (4) qui s'en était toujours flattée ; au contraire, il a pris des arrange-

(1) Stephenson.
(2) Mlle Leblanc. — *Journal.*
(3) Pasquier. — *Journal.*
(4) Mlle Siam. — *Journal.* — T. I.

ments avec la demoiselle Beauvoisin (1) qu'il a comblée de cadeaux avant son départ, pour lui faire tenir pendant son absence vingt louis par mois. Mais comme cette somme n'est pas suffisante pour soutenir le ton qu'elle a pris, elle ne se fait point un scrupule de recevoir des secours de M. Defontanieu fils, intendant du garde-meuble de la Couronne, qui, à cet effet, a rompu avec la demoiselle Fleury qu'il voyait à l'insu de M. le duc de Grammont, pour lui donner 25 louis par mois. M. Bontemps (2), gouverneur des Tuileries, la voit aussi quelquefois et M. de Cramayel, fermier-général, la lorgne de près. Il est certain que si ce financier voulait mordre de bonne grâce à l'hameçon, elle quitterait toute autre intrigue pour le conserver, et ne se permettrait qu'un petit guerluchon pour se désennuyer de la pesanteur de ces messieurs. C'est ainsi qu'elle s'en est expliquée avec moi, car elle a grande envie de faire fortune.

M. Le Roy de Joinville (3), receveur des Domaines et Bois de Montpellier, demeurant rue de Berry, au Marais, vient de se charger d'une petite fille nommée Buisson (dont le père est brouetteux et la mère garde-malade), logée rue de Grenelle-Saint-Honoré et qui circule depuis près d'un an chez Brissault. Il va lui faire meubler un petit

(1) Mlle Beauvoisin. — *Journal.* — T. I.
(2) Bontemps. — *Journal.* — T. I.
(3) Le Roy de Joinville, rue Beaubourg, vis-à-vis le cul-de-sac des Anglais. *Alm. Roy.*

appartement et a commencé par lui donner 50 louis pour la nipper. Comme M. de Joinville n'est pas fatigant, elle continuera, à son insu, d'aller chez Brissault. C'est à cette condition que ce courtier n'a point partagé avec elle, dans ce premier cadeau, comme il est d'usage.

M. Creton, Américain, logé rue Croix-des-Petits-Champs, à l'hôtel Dauphin, depuis qu'il a perdu la demoiselle Jourdaly que M. de Bonnac lui a chambrée, s'est retourné du côté de la demoiselle Parmentier avec laquelle il a soupé, le 14 de ce mois, chez la Gourdan. Mais celle-ci, moins dupe que la Jourdaly, ne s'en est pas tenue à ses propos. Pour asquiescer à ses désirs, elle l'a forcé d'exhiber 50 louis comptant, et promesse de lui donner son congé si tous les premiers de chaque mois il n'avait l'attention la plus scrupuleuse de lui en compter 25. M. Creton a promis d'être exact et, suivant son calcul, il compte y gagner beaucoup. Effectivement, Parmentier est dans ses meubles très proprement, et il n'en aurait pas été quitte pour y mettre l'autre médiocrement à moins de 3.000 livres. Ainsi, il vivra avec celle-ci, suivant lui, trois mois sans bourse délier, en équivalant ce qu'il lui en aurait coûté avec la Jourdaly, sans compter que Parmentier est bien nippée, a des bijoux et diamants et est beaucoup plus jolie.

La demoiselle Saint-Lau (1), figurante dans les

(1) Mlle Saint-Lau (Lo). — *Journal.*

ballets de l'Opéra, demeurante rue Saint-Honoré, aux traits galants, a depuis peu un Anglais nommé Topkins ou Lopkins, qui lui donne, tout en gros, 10 louis par mois dont elle paraît se contenter. Cette fille est grande, bien faite et fort jolie, mais elle est d'une nonchalance qui lui empêchera toujours de faire fortune. Ses compagnes, voyant sa médiocrité, ont l'air de la narguer, mais il est certain que si elle voulait prendre un peu d'émulation et se remuer, elle est faite pour leur damer le pion, de toutes façons, car elle a un air d'honnêteté qu'elles n'ont pas.

La demoiselle La Cour, surnommée la Rousse, pour la distinguer de celle qui était autrefois à l'Opéra, a certainement trouvé une bonne fortune depuis son retour de Bruxelles où elle était allée avec un receveur de la Comédie Italienne qui avait pris la fuite avec elle, avec un jour de recette. M. Magon de la Balue, fermier-général (1), demeurant rue Saint-Marc, s'en est chargé peu après son retour et fait pour elle une dépense considérable. Il lui a donné des meubles élégants, une garde-robe magnifique, des bijoux et beaucoup de diamants ; tous les jours elle est au spectacle et sa dépense monte par mois à mieux de 1.200 livres et dont il est fort peu récompensé, car elle lui manque avec tous les gogluriaux des coulisses. Cette fille, couleur à part, est très jolie, mais très libertine ;

(1) Magon de la Ballue, fermier général, rue Saint-Marc, *Alm. Roy.* — Caraman. *Fermiers généraux.*

9*

elle a déjà passé trois fois par les réchaux de Saint-Cosme, et on prétend même qu'elle en a été si affligée que le palais lui est tombé et qu'elle l'a remplacé par un d'argent, ce qui lui gêne la parole. On m'a assuré, ces jours-ci, que M. Magon de la Balue était dans de grandes inquiétudes, que sa femme avait été instruite de cette intrigue et de son dérangement, qu'elle lui avait fait un vacarme épouvantable et l'avait menacé de mettre tout en usage pour faire renfermer sa maîtresse s'il continuait de la voir et de lui donner. La La Cour tremble pour elle et n'ose plus se montrer. M. de la Balue, de son côté, ne va chez elle qu'avec le plus grand mystère et tout dans ce ménage est dans les alarmes.

La demoiselle Bouvanse, dite Genescourt, a changé de nom et de logement ; elle s'appelle présentement Sémonville et demeure rue Mauconseil. M. Douet de la Boulaye ne la voit que rarement. Sa famille en ayant été instruite lui en a fait des reproches très vifs et sa conduite aussi lui ayant fort déplu. Mais cette demoiselle ne s'en inquiète pas ; elle s'imagine être faite pour la plus haute fortune et reçoit chez elle tous ceux qui s'y présentent. M. de Monville, M. de Sainte-Foix, et M. de Sénac sont de ce nombre. Le petit marquis de Duras était hier à la Comédie Italienne en loge avec elle et la courtisait de près. Je pris la liberté de lui dire que si la demoiselle Courcy (1) savait

(1) Mlle Courcy. — *Journal.* — T. I.

cela, elle l'étranglerait. Il me pria fort de ne lui pas dire et qu'il ne voulait que s'en amuser. Bertin de Blagny s'est laissé prendre aussi à sa jolie figure ; il en est amoureux fol et lui a donné depuis huit jours pour 50 louis de robes. Il a couché avec elle trois fois, mais elle n'en veut plus entendre parler, à moins qu'il ne récidive ses cadeaux. Bouhaban, le banquier, et M. de Bonnac le fils, la guerluchonnent toujours. Malgré tous ses triomphes, je veux la voir avant trois mois aux genoux de Brissault : c'est une mauvaise tête !

Le chevalier Elchin commence à ressentir les adversités. Il a été samedi dernier arrêté et constitué prisonnier pour 2.500 livres qu'il devait pour restant des meubles qu'il a donnés à la demoiselle Lafond du temps qu'il l'avait. Il est sorti de prison au bout d'une heure. Qu'il prenne garde d'être éconduit avec la Le Clair si le comte de Bintheim arrive.

1765, 25 janvier.

M. le comte de Bintheim est de retour. Aussitôt que la demoiselle Le Clair en a été instruite, elle lui a renvoyé la clef de sa loge à la Comédie Italienne ; mais le comte lui a fait dire de la garder, et hier, il a paru à ce spectacle dans la dite loge avec elle. Le chevalier Elchin était dans une autre, ce qui a fait juger au public qu'il s'était réduit au poste de guerluchon, rang qu'il occupait avant le départ du comte. Cette demoiselle, par décence, a affecté de ne point mettre ses diamants ; elle avait seulement une parure de rubans et paraissait fort inquiète des regards du public. Le comte de Bintheim, au contraire, paraissait d'une gaîté qui ne lui est pas ordinaire et le chevalier Elchin, malgré qu'il était mis du plus grand brillant, paraissait décontenancé de voir tous les yeux tournés sur lui. La demoiselle Le Clair ne lui a pas jeté un regard, mais avant le dernier ballet, le comte de Bintheim s'étant retiré, le chevalier est venu promptement prendre la place, ce qui a fort réjoui les spectateurs qui ont été sur le point de battre des mains. Cette conduite annonce des arrangements pris entre eux.

La demoiselle Dornay, figurante dans les ballets de l'Opéra, a réparé la perte qu'elle a faite, il y a deux mois environ, de M. Defontanieu fils qui l'entretenait. C'est, aujourd'hui, M. de Montecastro, frère de M. l'ambassadeur de Naples (1), qui s'est chargé de sa dépense et l'on assure qu'elle n'a rien perdu au change.

(Ici il manque une page.)

à laquelle il donne quelques louis et il marchande chez Brissault la demoiselle Rozette, à laquelle il promet 25 louis par mois ; mais ce courtier rusé

(1) Monte Castro (de). — L'Ambassadeur extraordinaire du roi des Deux-Siciles, hôtel de Novion, rue de la Planche, était le comte de Cantillana, en 1764. Son frère était-il le marquis de Castramonte, et non Monte Castro ?

qui le connaît de réputation ne veut rien conclure
qu'au préalable il ait palpé la monnaie. Cette condition certainement éteindra les feux du marquis.

Soupers.

Le 19, M. de Senac, le robin, et trois de ses
amis, chevaliers de Saint-Louis, dont un est fils de
M. le duc d'Ayen, ont soupé chez Brissault avec les
demoiselles Seignory et Marquise.

Le 21, M. Bontemps et M. Defontanieu ont soupé
au même lieu avec les demoiselles David et Dante;
ont donné 6 louis.

1765, 1er février.

La demoiselle Pinville, sœur de la demoiselle
Kéry (1) qui est toujours entretenue par M. le président de Lesseville (2), est âgée d'environ 18 ans,
grande, bien faite, brune de cheveux, la peau très
blanche et d'une très jolie figure, mais d'une bêtise
achevée. Il n'y a tout au plus que deux ans qu'elle
a perdu sa virginité avec le Président qui lui a

(1) Mlle Kéri. — *Journal.*
(2) Lesseville (Président de). — *Journal.* — Le Clerc
de Lesseville, ci-devant Président de la 5e des Enquêtes, rue du petit Bourbon, près Saint Sulpice, hôtel
de Chatillon.

donné en reconnaissance des petits meubles et quelques nippes. Depuis quelques mois, elle est entretenue par M. le marquis de Puységur, lieutenant général des armées du roi, qui lui donne 40 louis par mois et qui lui a considérablement augmenté son mobilier et ses meubles qui sont aujourd'hui placés dans un joli appartement rue de Richelieu. Le marquis la fait passer pour veuve et lui fait porter le deuil afin de parer au scandale et de pouvoir, à ce qu'on dit, donner un nom à un enfant qu'elle a en nourrice à Chaillot. Toute sa conduite est réglée par un nommé Beauvoisin qu'elle a pour guerluchon et qui l'a été ci-devant de sa sœur, connu pour avoir été domestique, ensuite soldat aux gardes et auquel la demoiselle Kéry, après l'avoir dégagé, a acheté une lieutenance dans les troupes légères. Présentement il n'est rien que le courtier de la demoiselle Pinville et il la maquionne (*sic*) bien. Comme ce drôle-là est fort dépensier et qu'il aime à être bien mis et bien nourri, les 40 louis de M. de Puységur ne suffisent pas; pour y suppléer, il lui a donné la connaissance de la Brezé, qui lui a procuré, le 26 du courant, une entrevue avec M. de Senac, fermier général, qui se proposait de l'entretenir et, le 29, il a été coucher chez elle. Mais le lendemain, la demoiselle Pinville, sous des prétextes spécieux, a pressé M. de Senac de se retirer avant huit heures du matin. Cette conduite lui a paru suspecte et lui a donné de l'humeur; il s'est levé et en s'en allant il lui a laissé huit louis sur sa cheminée et depuis elle n'en a plus entendu parler.

M. le comte de Cogny (1) poursuit sans relâche Mme la marquise de l'Hopital (2) et on assure qu'il en est très bien traité. Ce jeune seigneur est fort agréable, mais il passe pour être fort indiscret, ce qui est un grand défaut pour réussir auprès des dames d'un certain rang ; cependant, tous nos jeunes gens de qualité le regardent comme fort dangereux et n'aiment point à l'avoir pour rival. Il est même décidé entre eux qu'ils ne doivent pas attaquer une femme qui l'aurait rebuté. Aussi profite-t-il de tous ses avantages et plus d'une dame éprouve son ascendant. Mme de Roncé (3) est encore de ce nombre et ne se ménage pas trop pour lui témoigner tout ce qu'elle ressent pour lui. M. d'Autichamps (4), qui est aussi à la poursuite de cette dame, témoignait cette nuit, au bal, beaucoup d'inquiétude de toutes les agaceries qu'elle lui faisait.

Le comte Offligio (5) a fait une passade avec la demoiselle Dubois, actrice aux Français, qu'il a payée 100 louis. Son intention était de l'entretenir, mais elle n'a point voulu quitter le prince d'Anhalt.

(1) Cogny (le comte de) — *Journal.* — T. I.
(2) L'Hôpital (marquise de). — *Journal*, 254.
(3) Roncé (Mme de). — *Journal*, 227.
(4) Autichamps (d'). — *Journal*, 114.
(5) Offligio (comte). — Lire Ascligio, amant de Mlle Vestris.

Le marquis de Prié, piémontois, est de retour d'Angleterre et il vit avec la demoiselle Wolf, demeurante rue Neuve-Saint-Eustache. Il lui donne 30 louis par mois et lui entretient un carrosse de remise. C'était M. Brégé, doyen des conseillers du grand conseil, qui l'entretenait ci-devant.

La demoiselle Dufresne, Lyonnaise, vient de perdre M. le duc de Berwick qui lui faisait beaucoup de bien. Il s'est aperçu que malgré ses défenses elle continuait toujours de voir le sieur Augé, fils d'un négociant de Bordeaux. Elle paraît inconsolable de cette perte que difficilement elle réparera. Elle est assez bien de figure, mais elle est courte et grasse, ce qui lui donne un air fort commun.

La demoiselle Fleury, Allemande, entretenue depuis un an par M. Hocquart de Bessigny (1) qui lui fait de gros biens, a manqué ces jours-ci de le perdre pour avoir vu sortir de chez elle M. le comte de Rochefort. Elle lui a soutenu, par toutes sortes de serments, qu'il n'avait pas eu avec elle la plus légère accointance mais qu'il lui faisait des offres magnifiques qu'elle avait refusées par amour pour lui. M. Hocquart a avalé doucement la pilule et, pour plus grande sûreté, lui a attaché un argus domestique en qui il a la première confiance, qui a ordre de ne la pas quitter tant chez elle qu'au dehors. Et, certes, la précaution n'est pas de trop,

(1) Hocquart de Bessigny. — Caraman. *Fermiers généraux.* — Mss. BN. *Généalogie des Hocquart.*

car elle a soutiré au comte, depuis un mois, mieux de 200 louis qui n'ont pas été payés d'ingratitude.

Le comte de Bintheim a tout à fait renoué avec la demoiselle Le Clair et le chevalier Elchin est exactement réduit au rang dé guerluchon. Mais on assure que ce raccommodement n'a lieu de la part du comte que par amour-propre et qu'il traite en secret avec la demoiselle Dorothée (1). On dit aussi que le chevalier, pénétré de se voir jouer aussi indignement, ne serait pas fâché que la petite Lafond voulût cesser de voir Saimson et qu'il vivrait volontiers de nouveau avec elle. Si ces changements avaient lieu, le public en serait charmé, car il a en horreur la Le Clair, qui trouverait difficilement de nouvelles dupes. Il est vrai qu'elle a de quoi faire retraite.

Soupers.

Le 25, M. le prince de Galitzin, ambassadeur de Russie, un autre ambassadeur dont on n'a pu savoir le nom et M. le Bailly de Fleury ont soupé chez la Gourdan avec les demoiselles Dante, Vacavan (2) et Dorville (3).

(1) Dorothée (Mlle) — T. I. 328.
(2) Vacavan (Mlle) — *Journal*, 292.
(3) Dorville (Mlle). — *Journal.* — T. I.

Le 27, M. de Gaucourt (1) et trois autres chevaliers de Saint-Louis, dont un a une balafre au visage et qui demeure rue Vivienne, ont soupé chez
Brissault avec les demoiselles Signory, Rozette (2)
et Courcy ; cette demoiselle n'est pas la même qui
est avec M. le marquis de Duras. Ces quatre
messieurs ont donné 10 louis pour tout, et ont fait
entendre à la femme Brissault qu'ils espéraient
que le magistrat n'en serait pas instruit, qu'ils
avaient l'honneur d'en être connus et de manger
souvent chez lui.

                                1765, 8 février.

M. le comte de Bintheim a pris absolument son
parti sur le compte de la demoiselle Le Clair, et il
vient de s'embarquer avec la demoiselle Dorothée
qui est sans contredit bien plus aimable et pour le
moins aussi libertine. Elle a fait toutes ses classes
avec le sieur Dubary à qui on a l'obligation de
l'avoir amenée de Strasbourg à Paris, il y a de cela
environ dix ans, et qui l'a brocantée pendant l'espace de six ans, qu'elle a resté avec lui, à tous nos
jeunes seigneurs, dont elle a été bien poivrée à
plusieurs reprises, ce qui avait jeté cette belle fille
dans un discrédit total ; enfin, forcés l'un et l'autre
par la misère, ils se quittèrent, et depuis près de
quatre ans elle vivait avec le sieur Chaponel (3) qui

(1) Gaucourt (de). — *Journal*, 111.
(2) Rozette (Mlle). — *Journal*, 171.
(3) Chaponel. — T. I.

a été employé dans nos armées en attendant qu'elle
pût rencontrer une bonne occasion. Aussi elle s'est
bien gardée de refuser les offres de M. de Bintheim.
Il lui donne 50 louis par mois, une augmentation
de meubles et une remise toutes les fois qu'elle
veut sortir et sa loge à la Comédie Italienne. La
Le Clair en est furieuse et est désespérée de la retraite du comte, surtout après avoir obligé le chevalier Elchin de faire le plongeon et de lui céder
la place au grand lit. De son côté, le chevalier est
indigné du rôle qu'elle lui a fait jouer et des
duretés qu'elle lui fait essuyer tous les jours, lui
reprochant sans cesse que c'est lui qui est cause
qu'elle s'est retirée. On assure qu'il en est très fatigué et qu'il cherche tout de bon à renouer avec
la demoiselle Lafond, qui a bien de la peine à sacrifier le petit Simson qui la berne toujours de
l'épouser lorsque les affaires seront arrangées.
Ainsi tout annonce que la demoiselle Le Clair
pour avoir été trop goulue les aura incessamment
perdus tous deux et personne ne la plaindra.

M. le comte de Rochefort après avoir bien vol-
tigé de tous côtés paraît s'être enfin fixé en faveur
de la demoiselle Huss cadette, sœur de l'actrice
des Français (1), car il lui fait meubler un
appartement très galant, dépense qu'il n'a point
voulu hasarder avec aucune de celles qu'il a
connues depuis la mort de la demoiselle Du Harlay (2), arrivée il y a plus de deux ans. Le voilà

(1) Huss cadette (Mlle). — *Journal.* — T. I.
(2) Du Harlay (Mlle. — *Journal.*

aujourd'hui en bonnes mains. La mère Huss est connue pour être une commère bien madrée et qui le mènera loin ; mais, heureusement pour elles, le comte est en fond, et, de son aveu, il prétend avoir gagné au jeu, depuis le premier jour de l'an, 24.000 livres, argent qu'il sacrifie volontiers à ses plaisirs. Il en use à peu près à cet égard, comme M. le marquis d'Etrehan (1), qui n'a jamais rien pris sur lui-même pour l'entretien de ses maîtresses que le gain qu'il faisait au jeu dans le courant de l'année. J'ai vu quelquefois la demoiselle Vézian (2), qu'il a entretenue fort longtemps, recevoir, outre les 25 louis qu'il lui donnait tous les mois, encore 12.000 livres d'étrennes provenant du jeu. Il y a des gens que la fortune favorise bien.

M. de Choaloffe (3), Russien, est en marché de la demoiselle Robbe, danseuse à l'Opéra. Il lui offre 1.200 livres par mois et pour pot de vin un diamant estimé 6.000 livres. Mais cette demoiselle veut 60 louis par mois, pour 10.000 livres de meubles et une paire de girandoles. La dame Brissault qui est chargée du traité de la part de M. Choaloffe, espère l'amener à des conditions plus douces. Effectivement, les besoins commencent à être très urgents, et la demoiselle Robbe a beau

(1) Etrehan (marquis d'). — *Journal.* — T. I
(2) Vézian (M^llc). — *Journal.* — T. I.
(3) Choaloffe (de). — Lire Schouwalof (André). — Grimm. *Correspondance.* — Voltaire. *Correspondance.*

être la plus aimable de l'Opéra, il y a peu d'hommes d'humeur de payer si cher un repentir. Cette demoiselle loge au coin du boulevard de la rue Poissonnière, dans un appartement très mesquin, et la vertu indigente est un pesant fardeau.

La demoiselle Beaupré (1), actrice aux Italiens, depuis le départ du comte de Bruss est toujours réduite au chevalier de Choiseul qui lui donne tout ce qu'il peut, et elle guerluchonne avec le sieur Linguet, caissier de la Comédie Italienne.

Le marquis de Saint-Sulpice (2) qui cherche à se pousser lui a proposé 20 louis par mois pour être en second ; elle l'a refusé et a mieux aimé accepter 6 louis du comte de Sades avec lequel elle a couché deux fois.

La demoiselle Defresne, ci-devant entretenue par M. le duc de Barvik, a fait lundi dernier une passade avec M. le comte Affligio moyennant 20 louis. Cet étranger perd au jeu, depuis son arrivée à Paris, 85,000 livres, c'est-à-dire depuis environ trois mois, et cela, sans avoir gagné une seule fois. Il prétend n'avoir jamais joué d'un malheur aussi suivi et il dit qu'il ne jouera jamais en France. Le marquis de Prié, son ami, offre à la susdite Defresne, pour vivre avec elle, 25 louis par

(1) Beaupré (Mlle). — Grimm. XIII. 30. *Correspondance*. — Campardon. *Italiens*
(2) Saint-Sulpice (marquis de). — *Journal*, 163.

mois, mais à condition qu'elle viendra tous les jours coucher chez lui. Elle l'a refusé parce qu'elle espère que M. le comte Affligio l'entretiendra, mais elle se trompe, son intention n'étant pas de se charger d'une femme.

Soupers.

Le 31 janvier, le marquis de Vorgemont et un de ses amis ont soupé chez la demoiselle Seignory avec la demoiselle Rozette.

Le 2 février, M. de Charny et M. de Monty, écuyer du roi, ont soupé chez Brissault, avec les demoiselles Marquise et Rozette.

Le 3, M. de Tessé, M. le comte d'Ayen et M. Senac, le robin, ont soupé au même lieu avec les demoiselles David (2), Saint-Yon, et la Belair, négresse.

1765, 15 février.

M. le comte de Bintheim, malgré les procédés les plus généreux, est fait pour être toujours trompé par ses maîtresses, car personne n'ignore toutes les perfidies que lui ont fait essuyer les demoiselles

(1) David (Mlle). — *Journal.* — T. I.

Varenne, Coligny et la Le Clair, qu'il a comblées de
biens. Rebuté enfin de cette dernière, il l'abandonne au chevalier Elchin pour prendre la demoiselle Dorothée qui depuis longtemps végétait avec
le sieur Chaponel. Il lui donne 1.000 livres par
mois, lui augmente son mobilier en meubles et
bijoux ; à peine respire-t-elle qu'elle le trompe, et
pour qui ? Avec un homme qui n'est point du tout
agréable, M. le chevalier de Chantot, capitaine
au régiment de Royal-Roussillon, qui la guerluchonne gratis.

La demoiselle Beauvoisin, ennuyée de s'en tenir
aux 20 louis que le prince de Limbourg lui
donne depuis son absence par le canal d'un banquier, s'est arrangée, il y a quinze jours, avec le
marquis de Louvois sur le pied de 25 louis par
mois qu'il a promis de payer exactement ; mais
comme il n'y couche pas souvent, le sieur de
Pienne (1) le remplace régulièrement et a la charge,
sur les profits qu'il fait au jeu, de la défrayer des
bals et du spectacle où elle a soin d'aller très
exactement. Elle demeure présentement rue Cour-
teauvillain.

La demoiselle Defresne, depuis la perte qu'elle a
faite de M. le duc de Barwick qui lui a fait de
gros biens, s'amuse à ruiner le sieur de Linière,
officier de marine, et guerluchonne avec le sieur
d'Estat, qui est, en tout, malgré sa croix de Saint-

(1) Pienne (de). — T. I.

Louis et son embonpoint, un fort mince sujet et mauvais bavard, n'ayant d'autre mérite que d'être très complaisant pour sa femme, mais aussi, il faut convenir que dans un repas, quatre bons estomacs auraient de la peine à digérer ce qu'il mange, et que personne ne découpe les viandes plus vite, ni plus proprement.

M. de Stivenson, Anglais, demeurant dans ses meubles, rue de Richelieu, et connu pour un très gros joueur, a pris, le 12 de ce mois, la demoiselle Beaupré, actrice à la Comédie Italienne. Il lui donne 50 louis par mois et s'est réservé en outre, suivant la satisfaction qu'il en éprouvera, de lui faire des cadeaux. M. le chevalier de Choiseul a quitté cette demoiselle, s'étant aperçu qu'elle le le trompait et qu'elle était insatiable du côté de l'argent. Le sieur Linguet, caissier des Italiens est toujours le guerluchon en faveur, mais on dit qu'elle lui coûte gros.

La demoiselle Favier, ci-devant figurante à l'Opéra, a présentement trois amants qui la paient très bien. Le sieur Durand, homme d'affaires de feu M. l'archevêque de Cambrai, lui donne 15 louis par mois ; le sieur Toquiny (1), soi-disant banquier, lui en donne exactement 20, et M. de

(1) Toquiny. — *Journal* (Toquinet). — Un membre de cette famille G. F. Tocquiny-Villarieau se mariait à Gallois en 1807, avec M. Rosalie Louise Viart-Desfrancs.

Sully (1), mousquetaire, 10 louis bien payés, sans compter les cadeaux qu'elle tire de tous trois. Mais ce qu'il y a de plus singulier, c'est qu'ils sont d'accord ensemble ; tous les jours ils se voient au spectacle et conviennent de celui qui restera à coucher. La demoiselle Favier ignore leur intelligence, et ils se divertissent beaucoup de voir les peines qu'elle prend pour les tromper.

Le sieur Caillot, acteur de la Comédie Italienne, a cessé absolument de voir la demoiselle Caroline (2), et aujourd'hui il dit qu'il n'a jamais eu l'intention de l'épouser, comme le bruit en a couru. Il a abandonné cette forteresse à M. de Leval, officier dans le régiment des gardes-françaises et attaché à l'Etat-Major. C'est un jeune homme d'une très jolie figure et qui paraît vigoureux, mais on assure qu'il s'en faut bien qu'il soit assez riche pour être aussi brillant qu'il le paraît, surtout en habits. Il est fils, à ce qu'on dit, du sieur Dauphin, officier de maréchaussée, reconnu pour gentilhomme, qui passe pour être à son aise, mais pas assez pour soutenir son luxe, ce qui fait qu'on soupçonne Caroline d'en défrayer une partie.

Mme de Roncé, attachée à feu Mme la princesse de Condé et demeurante toujours à l'hôtel, est réduite, depuis quelque temps, à la protection du prince,

(1) Sully (de). — T. I. 85.
(2) Caroline. — T. I.

et M. le marquis de Chamboran (1) possède entièrement les affections de cette dame.

Il faut croire que ce seigneur est en intrigue avec
plus d'une belle, car, sans cela, il n'en ferait pas
mystère. Mme de Roncé n'a rien à ménager avec son
mari qui la laisse fort à son libre arbitre, vivant
séparé d'elle dans ses terres, avec une fille qu'on
nomme Colbert, autrefois chez la Varenne, et j'ai
vu dernièrement, au bal de l'Opéra, M. de Caraman (2) s'aller masquer pour venir ensuite promener Mme de Roncé qu'il n'a pas quittée.

Malgré toute la tendresse que M. le chevalier de
Cogny témoigne pour Mme de Montsauge (3), on le
dit encore attaché à Mme de Belzunce (4). Pour
M. de Montsauge il me semble qu'il devrait un peu
fermer les yeux sur la conduite de sa femme, et
n'en pas paraître si jaloux, car elle ne fait que
prendre sa revanche, ou elle serait bien mal informée. Il y a un siècle que j'ai rendu compte à
feu M. Berryer que M. de Montsauge entretenait
la demoiselle Kambert, sœur de l'officier des maréchaux de France. Il lui avait même fait un dédit
de 80.000 livres de l'épouser qu'il lui a payé ou pour
lesquels il lui fait 6.000 livres de rente, car elle

(1) Chamboran (marquis de). — G. Capon et Yve
Plessis. *Vie privée du prince de Conty*. Paris, 1908.
(2) Caraman (de). — *Journal*. 115.
(3) Montsauge (Mme de). — *Journal*.
(4) Belzunce (Mme de). — T. I.

passe pour avoir ce revenu. Je croyais cette intrigue finie, mais point du tout. Je l'ai vérifiée depuis quelques jours et j'ai su que M. de Montsauge fréquente toujours la demoiselle Kambert (1) ; il passe peu de jours sans aller la voir, rue de Tournon où elle demeure, et c'est enfin par son moyen qu'elle se soutient et il l'aime toujours beaucoup, quoiqu'elle ne soit pas jolie : cela prouve bien le caprice des hommes.

1765, 22 février.

M. le prince de Conti paraît depuis quelque temps négliger Mme Brissard et M. le comte de Brancas s'en est emparé. Ils ne font pas un pas l'un sans l'autre et cette dame ne cherche pas même à sauver les apparences ; les trois derniers bals de l'Opéra, ils ne se sont point quittés. Le comte de Brancas, qui est indiscret comme une cloche, affiche hautement sa bonne fortune, mais comme il est connu pour le roi des menteurs, on en diminue au moins les trois quarts.

M. le comte de Cogny, de son côté, paraît tout à fait arrangé avec Mme la maréchale d'Estrées (2), mais cette intrigue se traite avec beaucoup de

____

(1) Kambert (Mlle), femme de l'exempt des maréchaux de France.

(2) D'Estrées (la maréchale) — Capon. *Vie du prince de Conty.*

mystère. Il est vrai, cependant, qu'aux derniers bals de l'Opéra, ils se sont toujours joints ; mais ils étaient si bien masqués l'un et l'autre, qu'il fallait être au fait de la carte pour les reconnaître, et vous vous doutez bien, Monsieur, à qui j'en ai l'obligation.

On soupçonne aussi M. le comte du Lude d'être très bien avec Mme la princesse de Chimay et M. le comte de Rouhault avec Mme de Gacé.

Le beau d'Estorière, à tous ces bals, a fait sa cour à Mme la duchesse de Mazarin et il paraissait que cette dame y prenait quelque plaisir. Il faut à ce cavalier des conquêtes qui puissent disposer de leur finance et on lui a toujours trouvé le jugement très sain sur cet article.

M. le duc de Fronsac, malgré ses galanteries avec la demoiselle Colette des Italiens qui continuent toujours, paraît aussi fort empressé auprès de Mme de Montregard et leur intelligence paraît formée. Ce seigneur n'a point paru en faire mystère avec moi, car malgré qu'il fût extrêmement bien masqué au bal lorsqu'il lui donnait le bras, il m'a toujours parlé, en me disant cependant : « Je vous regarde comme un confesseur, ne me nommez point. »

M. Goudot, secrétaire général du tribunal des Maréchaux de France, entretient secrètement la demoiselle Dupin (1), figurante à la Comédie Italienne, et lui donne au moins 20 louis par mois, mais comme il ne la voit qu'à la dérobée et que rarement il couche avec elle, cette demoiselle profite autant qu'elle peut de son loisir et M. de Stivenson, Anglais, a payé 50 louis deux nuits qu'il a passées avec elle.

M. de Fontanieu a quitté absolument la demoiselle Tourville, figurante aux Italiens, après lui avoir donné en moins d'un mois 45 louis. Il s'amuse présentement jusqu'à nouvel ordre à guerluchonner la demoiselle Dornay, son ancienne maîtresse, qui est toujours entretenue par M. de Monte-Castro, frère de l'ambassadeur de Naples. Tout ce carnaval, il n'a pas manqué un bal, et à la fin, il allait manger la poule au riz chez M. Bontemps avec M. Jude de Grainville (2), et les filles de bonne volonté qu'ils trouvaient. M. Maynaud fils, conseiller au Parlement, s'est chargé de nouveau de la demoiselle Tourville en attendant qu'elle trouve quelqu'un qui l'entretienne, ce qu'elle aura bien de la peine à rencontrer, malgré qu'elle soit fort jolie, mais elle a mauvaise réputation, et l'idée du sieur Belgarde, garnement avec lequel elle a vécu autrefois, a laissé une impression dans l'esprit du public qui a de la peine à s'effacer.

(1) Dupin (Mlle). — *Journal.* — T. I.
(2) Jude de Grainville, grand maître des eaux et forêts, généralité de Soissons, rue Neuve-des-Petits-Champs.

1765, 1er mars.

La demoiselle Boismont depuis quelque temps est poursuivie par M. le comte de Villefranche, capitaine de cavalerie au régiment de Bourbon, qui en paraît fort amoureux; mais soit qu'il s'y soit mal pris ou qu'il ne lui ait pas assez offert, ce qui est plus vraisemblable, il n'en a pu rien obtenir. Indigné de ses caprices, il a imaginé, pour parvenir à ses fins, de la faire tomber dans un piège et, sans avoir un air d'impatience, la semaine dernière, il l'a invitée poliment à venir souper chez M. Bouret, fermier général (1). Comme cette demoiselle est remplie d'amour-propre, l'idée qu'elle pourrait captiver ce financier lui a fait accepter ce souper avec plaisir où il s'est trouvé trois convives. Au dessert, les propos se sont égayés, et enfin on a fini par faire entendre à la demoiselle Boismont qu'il fallait qu'elle se prête à contenter leurs désirs et qu'on la paierait bien. Elle a paru se scandaliser fort de la proposition. On lui a signifié de ne point faire la bégueule. Bouret lui a offert de l'or, et tous trois, malgré ses larmes, se sont mis en devoir de la déshabiller. Voyant qu'elle était presque nue et que la chose était sérieuse, elle a demandé à passer avec M. de Villefranche dans une chambre voisine. Cela lui ayant été accordé, elle s'est jetée à ses ge-

(1) Bouret, rue Montmartre, près l'hôtel d'Uzès, T. I. 372.

noux, et avec les expressions les plus tendres lui a dit qu'il avait le plus grand tort du monde de l'exposer ainsi, qu'elle l'aimait, et que si elle ne lui avait encore rien accordé, c'est qu'elle craignait de le perdre et voulait éprouver par sa constance s'il était digne d'un attachement sincère ; que la cause de ses refus vis-à-vis de la compagnie provenait de son amour pour lui et que s'il voulait la tirer de cette maison, elle coucherait avec lui sans nul intérêt. M. de Villefranche, flatté de ce qu'elle lui disait et après lui avoir fait avec serment réitérer ses promesses, a employé ses soins auprès de M. Bouret et de son ami pour qu'on la laissât libre, et, y étant parvenu, il l'a reconduite chez elle, rue Tireboudin, mais loin de permettre qu'il couchât avec elle, elle l'a traité comme le dernier des hommes, le menaçant d'envoyer chercher le commissaire et la garde s'il ne sortait promptement de chez elle. Il a jugé à propos de se retirer, très confus d'avoir été sa dupe, et certes son procédé le méritait bien. Depuis ce temps, M. de Villefranche cherche toutes les occasions de se venger et voilà plusieurs femmes du monde qu'il charge de l'engager à venir chez elles pour pouvoir, lorsqu'il la tiendra dans ces lieux de débauche, la mener grand train ; mais la Boismont jusqu'à ce jour a évité de donner dans le trébuchet. Cette fille est la même dont s'est plaint M. le commandeur de Soudiel.

La demoiselle Crémille a encore fait mille indignités à M. de Montier, commissaire des guerres, qui l'a tirée de la fange pour l'accabler de biens. Elle fait plus, car elle cherche à le compromettre avec ses amis pour toutes sortes de mauvais propos qui l'ont même exposé à se couper la gorge avec quelques-uns si leurs amis communs ne s'y étaient opposés en leur faisant connaître que c'était l'ouvrage de cette fille. C'est M. de Montier lui-même qui m'a fait ce récit, et qui m'a appris qu'elle était retournée avec M. du Chertret, caissier de la Ferme de Poissy, qu'elle a, il y a quatre mois, expulsé de chez elle par le canal du commissaire de la Fleuterie (1). Quand elle l'aura de nouveau bien secoué, elle ne tardera pas encore à le renvoyer et, en attendant, elle le trompera tout autant de fois qu'elle le pourra.

Le sieur Brianseaux, connu pendant la dernière guerre par les différents corsaires qu'il a armés en course contre les Anglais dans le port de Dunkerque et singulièrement par celui de M. le comte de Saint-Germain qui a fait nombre de prises intéressantes qui lui ont rapporté des profits immenses, est à Paris, depuis quelque temps. Il vient de prendre la demoiselle Parmentier, à laquelle il donne 30 louis par mois sans nombre de cadeaux. C'est un homme très généreux avec les femmes et qui dépense aussi facilement l'argent qu'il le gagne.

(1) (1755) De la Fleuterie. Commissaire au Châtelet.

1765, 8 mars.

M. le duc de Gramont a renoué avec la demoiselle Fleury ; il lui a fait présent d'une paire de
girandolles ; mais cette demoiselle continue toujours de voir M. le comte de Tresmes et guerluchonne avec M. de Saint-Lois, chevalier de Saint-
Louis. M. le comte de Rochefort qui a eu quelques
sujets de mécontentement de la demoiselle Huss
cadette, qu'il entretient depuis six semaines, lui a
fait aussi des propositions. Il était question de
50 louis pour coucher avec elle ; mais comme elle
sait qu'on ne tient ce seigneur qu'autant qu'on l'a
engagé dans de fortes dépenses, elle n'a point
voulu consentir à ses désirs à moins qu'il ne lui
donne un héron de diamants. M. de Rochefort |a
trouvé la praline trop chère et s'est raccommodé
avec la Huss. M. de Fontaine qui a aussi entretenu
la Fleury et qui l'a quittée à cause des infidélites
qu'elle lui faisait, lui fait des offres aujourd'hui
pour renouer avec elle ; mais il est trop tracassier,
elle n'en veut plus. Il est certain que si cette demoiselle voulait avoir de la conduite elle ferait
une brillante fortune. Elle passe à juste titre pour
une des plus jolies filles de Paris.

La demoiselle Laforest est de retour. Elle fait
entendre qu'elle revient d'Angleterre, mais ceux
qui sont au fait, savent qu'elle sort de passer les

remèdes. Ils lui ont très bien fait, car elle a l'air de se bien porter et paraît embellie. Le chevalier de la Tour ne se montre plus et nombre d'Anglais paraissent s'empresser autour d'elle, entr'autres milord Marche, milord Mazarin, M. Fauské et M. Stivenson. M. de Monville se met aussi du nombre, ce qui engage les joueurs comme Goderneau et de Pienne à se ranger à son bord et il paraît qu'elle tire partie de cette cour, car ses diamants paraissent augmenter.

M. Maynaud fils, conseiller au Parlement, est rengagé de plus bel avec la demoiselle Tourville, danseuse aux Italiens, que M. de Fontanieu a quittée; il lui a fait cadeau d'un héron de diamants très joli. J'ai pris la liberté de lui dire que si cette dépense venait aux oreilles de son père, il n'en serait pas content. Il m'a répondu : « Que voulez-vous que je fasse ? je ne puis me passer de femme et je ne suis point fait pour l'escroquer. Ce héron lui a été agréable, je n'ai pu lui refuser et je l'ai eu par des arrangements qui ne me sont point à charge. C'est la dernière dépense que je ferai pour elle, car je suis sûr qu'elle m'aime sans intérêt. M. Meliand, maître de requêtes (1), se présente pour lui faire du bien et M. le duc de la Tremoille lui fait aussi des propositions. »

Effectivement, je me suis aperçu dans les foyers

---

(1) Meliand, maître des requêtes depuis 1731, Intendant à Soissons.

du spectacle, que ce seigneur la courtisait de près.

M. le duc de Fronsac s'amuse toujours parfois avec la demoiselle Colette des Italiens et mène grand train Mme de Montregard qui, pour le présent, lui est adjugée à lui seul. Cette dame, par ses coquetteries multipliées, n'est plus autant recherchée. M. le comte de Brancas suit aussi partout Mme Brissard que M. le prince de Conti néglige tout à fait et on assure que Mme Saint-Janvier, femme d'un payeur des rentes (1), très jolie, a déjà rendu à ce prince quelques visites secrètes.

1765, 18 mars.

La demoiselle Saint-Lau, figurante dans les ballets, à l'Opéra, demeurante rue Saint-Honoré, près le *Trait galant*, est entretenue depuis quelque temps par un nommé M. Opkeims (2), natif des îles anglaises, auquel on assure que le roi a accordé le grade de colonel, avec 12.000 livres d'appointements pour aller servir dans nos îles. Il donne à cette demoiselle 15 louis par mois et quelques petits cadeaux dont elle se contente, car si elle eût désiré de plus grands avantages, elle les aurait trouvés. M. Stivenson, Anglais, lui a offert, avant

(1) De Saint-Janvier, payeur, rue Thévenot, vis-à-vis la rue des 2 portes. — *Journal.*
(2) Opkeins. — Hopkins ?

de prendre Mlle Beaupré, des Italiens, 1.000 livres par mois. Elle les a refusées parce qu'elle n'aime pas être gênée et que M. Opkeims lui laisse toute la liberté qu'elle désire pour voir un nommé Véron, jeune homme employé aux fermes, qu'elle a pour guerluchon.

M. de Montier, commissaire des guerres, employé à Soissons, paraît avoir pris son parti sur le compte de la demoiselle Crémille dont il a essuyé tant de perfidies après avoir dépensé pour elle en moins de quinze mois mieux de 60.000 livres. Cette fille s'est renouée pendant quelque temps avec M. Chestret, caissier de la Ferme de Poissy, qui l'a aussi abandonnée et, aujourd'hui, elle tient jusqu'à nouvel ordre avec M. le chevalier de Choiseul, dont la mère demeure faubourg Saint-Honoré. M. de Montier, de son côté, a fait l'emplette d'une jeune fille, âgée de 17 ans, très jolie, qui s'exerce pour la danse au magasin de l'Opéra. On la nomme Lusignan. M. de Montier l'a placée rue du Champfleury en chambre garnie pour essayer de son caractère et où il la nippe tout doucement. Cette demoiselle, avec le temps, fera du bruit dans le monde ; mais quoique M. de Montier fasse diversion à ses plaisirs, il n'en est pas de même de sa vengeance. Il a écrit à Verdun, aux parents de la demoiselle Crémille qui y sont chapeliers, et les a déterminés à vous présenter, Monsieur, un placet pour la faire renfermer à l'hôpital sous prétexte que sa conduite empêche l'établissement de ses autres sœurs. C'est un nommé le Clerc, valet de chambre de M. le premier Président, qui se dit chargé, à cet effet, de la procuration des père et mère nommés Cajot, qui vous a remis ce placet à votre audience. Je ne sais pourquoi il ne m'a pas été renvoyé pour l'information, puisque c'est mon détail, mais je préviens votre justice que sans l'invitation de M. de Montier, lesdits Cajot, père et mère, seraient restés tranquilles sur le compte de leur fille comme ils avaient fait depuis l'année 1758 qu'elle a débuté dans le monde sous le nom de Desmars chez la Perceval, tenant lieu de débauche, et c'est un fait dont l'inspecteur à qui le placet a été renvoyé, avec les vues les plus droites, ne peut être informé et qu'on aura grand soin de lui cacher.

M. Le Gué, l'un des premiers commis de la marine, fait une cour très assidue à la demoiselle Beauvarny (1), maîtresse du sieur Dubary, qui lui abandonne volontiers ses coudées franches parce que cela achalande sa maison. Cette demoiselle est très jolie et tous nos agréables de la haute volée s'empressent auprès d'elle. A la fin du carnaval, Du Bray a donné un bal chez lui où on a beaucoup joué et où s'est trouvé M. le duc de Fronsac, le comte de Cogny et une infinité d'autres de ce rang. Je ne sais si vous en avez été informé ; mais on m'a dit que M. de Roquemont (2) en avait été et

(1) Beauvarny.— C'est évidemment Vaubernier, autrement dit la Du Barry.

(2) Roquemont (de). — *Journal.*

avait même fourni une brigade du guet. On assure
que M. Le Gué est déjà en avance de plusieurs
bijoux avec cette demoiselle. Il passe pour une
bonne dupe à plumer, et la demoiselle Valentin (1),
ci-devant à l'Opéra, s'est bien engraissée avec lui.

1765, 22 mars.

M. de Selle, trésorier général de la marine (2),
demeurant rue Sainte-Anne, entretient depuis
deux mois Mme Desbares qui demeure rue Meslé,
la deuxième porte cochère, en entrant par la rue
Saint-Martin. Il lui a déjà donné 50 louis d'argent
comptant, et pour 5.000 livres de billets des Fermes,
sans compter nombre de cadeaux. Elle a aussi
pour guerluchon le chevalier de Gouyon (3),
exempt des gardes du roi, de la Compagnie de
M. le prince de Tingry. Cette dame est veuve d'un
homme qui était employé; est grande, bien faite,
âgée d'environ 30 ans, ayant le ton de la bonne
compagnie, et, sans être absolument jolie, comme
elle a grand air, elle passera toujours pour une
aimable femme. J'ai eu occasion déjà d'en parler,
il y a environ 18 mois, lorsqu'elle demeurait rue
du Mail et qu'elle était entretenue par un Anglais.

(1) Valentin (Mlle). — *Journal.*
. (2) Selle (de). — T. I. de Selle de Garejade, rue
Sainte-Anne.
(3) Gouyon (de), duc de Goyon. — T. I. 298.

La demoiselle Baligny (1), connue pour avoir été entretenue plusieurs années par M. le marquis de Montmorin et par M. le marquis de Genlis qui lui a fait 1.200 livres de rente viagère, et qu'on a vue aussi à discrétion chez Brissault, est entretenue depuis quelque temps par M. de Gourgue, président au Parlement, demeurant rue Saint-Louis, au Marais, qui la comble de bien infructueusement, car elle n'en paraît pas plus riche ; on ne sait ce qu'elle fait de son argent, on ne lui connaît pas présentement de guerluchon, elle est toujours assez mal mise. Et on ne lui voit pour toute société que son beau-frère et sa sœur qui font commerce de friperie. Peut-être est-elle associée avec eux. On la connaît aujourd'hui sous le nom de Fontaine ; elle demeure dans le faubourg Saint-Denis.

M. de Toulongeon (2), jeune homme fort agréable, est fort bien traité par Mme de Mondrand (3), femme du grand maître des eaux et forêts de Rouen, qui demeure rue des Bons-Enfants, mais depuis huit jours, cette intrigue est un peu interrompue par les soupçons du mari, qui, de son côté, entretient la demoiselle Buhart, figurante à l'Opéra (4). Mais les lettres vont toujours leur train et notre jeune homme, en attendant, se dissipe chez Brissault.

(1) Baligny (Mlle). — *Journal.* — T. I.
(2) Toulongeon (de). — T. I.74
(3) Mondran (de). — *Journal*, 312. — T. I. rue Neuve-des Bons-Enfants.
(4) Buhart (Mlle). — T. I.

La demoiselle Mircy (1), figurante à l'Opéra, est toujours entretenue par M. Bernard de Marville, (2) receveur-général des finances et guerluchonnée par M. Bontemps, gouverneur des Tuileries. Mais elle a aussi pour *qu'importe* le sieur Dombreval, danseur à l'Opéra. M. de Marville ne s'en doute pas ; il n'en est pas de même de M. Bontemps. Il met tout en usage pour découvrir le lieu de leur rendez-vous. On soupçonne que c'est dans une petite chambre garnie qu'ils ont au Marais.

M. de Sénac de Meilhan, maître des requêtes, entretient sur le pied de 30 louis par mois, la demoiselle Tourville, danseuse aux Italiens, qui voit toujours secrètement M. Magnaud fils, conseiller au Parlement. Ce dernier m'a raconté que la première nuit que M. de Sénac avait couché avec elle, il n'avait pas pu en venir à son honneur et qu'il désirait fort que cette maladie durât fort longtemps. « En vérité, m'a-t-il ajouté, il faut être bien usé, car je défie qu'il en trouve de plus aimable ! » Effectivement, elle est très jolie.

1765, 29 mars.

La demoiselle Elizabeth Normand, âgée de 18 ans, est native de Versailles, orpheline de père

(1) Mirey (Mlle). — *Journal.* — T. I.
(2) Bernard de Marville, cul-de-sac de Menars ; en charge depuis 1754, généralité d'Amiens. — *Journal*, 277.

et de mère. Son père en son vivant était maçon. A l'âge de 13 ans, elle fut débauchée par M. Colin, intendant de Mme la marquise de Pompadour, qui donna 12 louis à sa mère pour prix de son pucelage ; cette intrigue n'eut pas de suite. Elle vint à Paris, il y a un an, pour être du monde et a débuté chez la le Clerc dite Mitronne, tenant lieu de débauche, rue Pavée. Ensuite, elle a pris une chambre garnie au petit hôtel de Choiseul, et allait circuler chez différentes femmes, entr'autres chez la Jourdan, sous le nom de d'Argenville. C'est chez cette femme qu'elle a fait la connaissance de M. le marquis d'Hautefort qui s'est chargé de l'entretenir. Il lui donne 20 louis par mois et lui a fait présent d'une fort belle robe de moire et d'une montre. Cette demoiselle prétend que l'épouse de M. d'Hautefort est instruite de cette intrigue et que c'est elle-même qui l'a conseillée à son mari, étant d'une santé trop délicate pour habiter avec lui, et qu'il doit, au premier jour, la mener au Luxembourg pour la faire voir à sa femme. La demoiselle d'Argenville n'ambitionne pas, pour le moment, des meubles, parce qu'elle espère que le marquis l'emmènera avec lui au mois de juin prochain à Lille où est son régiment. Cette fille est de petite taille, mais bien faite, brune de cheveux, la peau très blanche, l'œil bleu et formant en tout une très jolie figure.

M. le marquis de Romey (1) vient de prendre la

(1) Romée (marquis de). — Capon, *Vie du prince de Conty.* — *Journal.* — T I.

demoiselle Villette (1), figurante à l'Opéra. Il lui donne 15 louis par mois et doit lui meubler un salon. Cette dépense pourra bien aller à 3.000 livres.

M. Makdelone, Anglais, logé rue Guénégault, qui entretenait depuis un an la demoiselle Verdault des Italiens, s'est chargé depuis peu de la demoiselle Dufort cadette, qu'on a vue ci-devant circuler à discrétion chez Brissault. Il lui donne 30 louis par mois, et, malgré cela, il soulage encore la demoiselle Verdault qui est prête d'accoucher et qu'il n'a quittée que parce que cette fille, suivant les idées de sa mère et de sa couturière, se flattait que M. Pelletier allait lui faire la plus haute fortune.

La demoiselle Dossonville, ci-devant fille de boutique chez le sieur Plançon, marchand de modes, après avoir donné une galanterie à M. le comte de Moron (2) que la Gourdan lui avait procuré, a été obligée de se retirer honteusement à l'infirmerie du sieur Ruhot, premier garçon chirurgien de M. Ruffel qui l'a fort bien guérie, puisque lui-même a commencé par lui apposer son cachet, et ensuite l'a présentée à M. Millet, receveur-général des rentes de Moulins qui s'en est chargé, mais qui, pour obvier aux écarts de son tempérament, la tient très exactement dans une petite maison où elle n'a absolument communication qu'avec lui, et où elle reste volontiers à peu

(1) Villette (Mlle). — *Journal.* — T. I.
(2) Moron (comte de). — *Journal.* — 315.

de frais, parce qu'elle sait que son père, qui est un
fort honnête homme de Chaumont, en Champagne,
ayant appris son escapade de chez Plançon, est
venu exprès à Paris pour la chercher et la faire
renfermer. Sa camarade, nommée Bouvanse, dite
Genescourt, échappée avec elle de chez ledit Plançon, après avoir été entretenue par M. Douet de la
Boulaye, a fait retraite aussi pour vivre avec le
sieur Bouhaban, banquier, qui a eu ses premières
faveurs, qui la tient en pension chez un éven-
tailliste, rue Aumaire. Cette dernière est très jolie,
et si elle eût été moins folle, elle aurait pu aspirer
dans le monde à la plus haute fortune. Un caprice
l'y ramènera.

M. Pajot de Villers est encore brouillé avec la
grande Lacroix à cause de ses infidélités avec M. de
Saint-Lois. Il jure qu'il ne se raccommodera jamais
avec elle et il est en marché avec plusieurs de nos
petites maîtresses.

1765, 5 avril.

Mme Darcy, fille de M. de Baumois, trésorier du
marc d'or et sœur de Mme la comtesse d'Espars,
demeurante chez M. son père, rue Sainte-Anne,
est depuis plusieurs mois en intrigue avec M. le
marquis de Choiseul, fils de celui qui était menin
de M. le Dauphin. Il paraît que M. Darcy se repose
tranquillement sur la vertu de sa femme, car
M. de Choiseul est tous les jours avec elle, sans

qu'il en prenne ombrage. Cependant les choses ne peuvent pas être plus avancées et j'en suis très bien instruit. Peut-être ce qui cause la sécurité du mari est parce qu'il sait sa femme toujours à la compagnie de Mme sa mère ; mais cette chère maman est si complaisante, ou plutôt si bornée, qu'elle aimerait mieux prêter elle-même les mains aux intrigues de sa fille, afin d'entretenir l'union dans la maison. Si quelque galant remet des lettres au portier, c'est à elle à qui on les donne et qui les fait passer ensuite à ses filles à l'insu de leurs maris, sans cependant avoir l'air de savoir d'où elles viennent.

M. le marquis de la Vaupalière (1) est l'homme du monde le plus heureux. Considéré et aimé de M. le Prince de Condé dont il a toute la confiançe et qui l'admet de tous ses plaisirs, il jouit tranquillement des faveurs de Mme de Gacé qui a pour lui le plus sincère attachement, et voit toutes les dames de la plus haute qualité ambitionner sa société. Peut-être aussi ne doit-il cet accueil obligeant qu'aux prétentions qu'elles ont sur le cœur du Prince auquel il est attaché ; n'importe, il en jouit.

M. le vicomte de Brion, demeurant rue Payenne, au Marais, s'est chargé depuis peu d'une petite fille nommée Duval qui était ci-devant à la dispo-

(1) Vaupallière (de la). — *Journal.* — T. I. 291.

sition de la Durier, femme donnant des filles, rue de Bourbon, à la Villeneuve. Il l'a meublée proprement vieille rue du Temple et lui donne 15 louis par mois. Cette petite créature ne considère pas son état passé ; elle couche journellement avec un nommé Fontaine, mauvais sujet. Elle ne garde aucun ménagement, se montre partout avec lui. M. de Brion ne tardera pas à en être instruit et l'abandonnera.

M. Le Normand, demeurant rue Montorgueil, chez M. Le Couteux (1), banquier, avec lequel il est associé, vient de prendre à ses appointements, la demoiselle Mariane Poussin, dite Deslauriers, ci-devant connue chez la Varenne sous le nom de Théophile (2), demeurante aujourd'hui rue de Gaillon. Il lui donne 20 louis par mois. Cette demoiselle a pour guerluchon M. Desaubry, bon gentilhomme, lieutenant d'infanterie. Ci-devant, il était abbé, et du règne de M. Berryer, je l'ai pris en débauche chez la Lefebvre à la Barrière Sainte-Anne; il était pour lors au séminaire Saint-Sulpice.

M. le marquis de Louvois (3) a quitté la demoiselle Beauvoisin et elle a repris M. Douet de la Boullay, son ancien amant. C'est lui qui a fait la dépense des robes pour Longchamp, et qui a été

(1) Le Couteux et Cie, rue Montorgueil.
(2) Théophile (Mlle). — *Journal.* — T. I.
(3) Louvois (marquis de). — T. I.

lui-même les lever chez le sieur Bourgois, marchand de la demoiselle Verdault. On peut dire qu'il a bon goût, mais, malgré cela, il ne la conservera pas jusqu'au retour du Prince de Limbourg qui est moins inquiet que lui, car on veut toujours avoir un petit guerluchon, et c'est le sieur de Pienne qui est pour le présent en faveur.

1765, 12 avril.

La demoiselle Beauvarnier et le sieur Du Bary vivent toujours ensemble en bonne intelligence, ou pour mieux dire Du Bary ne se sert de cette demoiselle que comme une terre qu'il afferme au premier venu en état de bien payer, se réservant cependant le droit d'aubaine, car il couche tous les jours avec elle. Pour les journées, il les lui abandonne tout entières pourvu toutefois qu'elle se conduise par ses conseils et que le produit s'en rapporte à la masse et, certainement, dans ce genre, il peut passer pour le meilleur Mercure de Paris. Aujourd'hui, c'est à M. le duc de Richelieu et à M. le marquis de Villeroy qu'il a sous-fermé les charmes de cette demoiselle, pour le jour seulement. Le premier l'a fait venir chez lui et trouve que cette jeune poulette conserve en lui un reste de chaleur naturelle ; le marquis, au contraire, va chez elle, ordinairement l'après-midi. Du Bary a soin de ne pas s'y trouver, et ils passent plusieurs heures ensemble. Cependant, M. de Villeroy a toujours la demoiselle Montalet ; elle lui sert à entretrenir la tranquillité à Bagnolet ; mais comme il a eu quelques soupçons des infidélités qu'elle lui a faites par le passé, cela lui a donné pour elle du refroidissement. Le sieur Du Bary qui, vraisemblablement, en a été instruit, lui a présenté sa Princesse. Il est difficile de résister à sa jolie mine, à son air de douceur et d'honnêteté : le marquis a mordu à l'hameçon, et l'un et l'autre la comblent tous les jours de cadeaux. Elle est présentement assez bien en diamants, richement nippée, une voiture à la grecque très élégante et Du Bary a bonne table et soutient son train, et tout va bien.

M. Le Normand, le fils de celui qui est à Cadix, associé avec M. Le Couteux, a passé toutes ses fêtes à la campagne. Il avait pris, ainsi que je vous l'ai annoncé par la feuille dernière, des arrangements avec la demoiselle Mariane Poussin, connue aujourd'hui sous le nom de Deslaurier. Pendant son absence, cette demoiselle en a pris de plus certains avec le comte d'Escossay dont la mère demeure rue Saint-Honoré près l'Assomption. Il lui a donné comptant 25 louis pour son premier mois et lui a fait cadeau d'une jolie boîte d'or. Il doit avoir soupé et couché hier avec elle. M. Le Normand ne lui avait donné encore que quelques louis ; cependant, elle compte bien, à son retour de la campagne, le voir à l'insu de M. d'Escossay chez la femme Hermand (1), rue des Vieux-Augustins, qui donne des filles et où M. Le Normand a

(1) Hermant (la). — *Journal.* — T. I.

coutume de passer tous ses moments de loisir. Cette femme est même convenue avec moi que c'était lui qui la faisait vivre en partie. J'ai rendu compte à M. Le Couteux de sa conduite, qui a eu l'honneur de vous en parler. Il m'a dit qu'il se présenterait à votre audience samedi pour prendre à ce sujet un parti convenable.

La demoiselle Desforges, des Italiens, a fait une passade avec M. Bertin de Blagny qu'il a payée 10 louis et une robe de gros de Tours.

M. l'ambassadeur de Portugal a fait une passade avec la demoiselle Grecourt, que la Brissault lui a donnée comme une fille entretenue par un grand seigneur, qu'il a payée 20 louis. Tous les jours elle est à 1 louis.

Le 5 de ce mois, M. le marquis de Persennat a donné à souper chez lui à M. le Procureur du roi, à M. Pelletier de Morfontaine (1) et à trois autres Intendants dont on n'a pu savoir les noms avec les demoiselles Rozette et Grécourt.

1765, 19 avril.

M. le marquis de Duras, depuis quinze jours a quitté la demoiselle Courcy qu'il entretenait

(1) Pelletier de Morfontaine, maître des requêtes du conseil des Prises, vieille rue du Temple, près la rue des Blancs Manteaux. — *Journal.* — T. I.

depuis près de deux ans ; il lui reproche d'avoir
été à la campagne, avec sa sœur Maisonville (1),
faire une partie avec des jeunes gens. Le fait
est vrai, mais aucun d'eux ne l'intéressait. Il dit
aussi que dans la société, elle est fort mal em-
bouchée, et lui disait mille horreurs, même en
présence de ses amis et de ses gens. Cela peut être,
mais elle avait les mêmes défauts il y a deux ans,
et son humeur envers lui n'est jamais provenue
que de la jalousie qu'il lui occasionnait, car elle
avait la maladie de l'aimer beaucoup. Ainsi, tout
cela prouve que la jouissance est ordinairement le
tombeau de l'amour. En outre, la pauvre Courcy
avait un grand ennemi dans le sieur Ruhot, garçon
du sieur Ruffel, chirurgien et confident de M. le
Marquis. Cet Esculape, depuis longtemps, était
chargé de la demoiselle Paillon, fille assez jolie,
qu'il a soustraite à M. Meyneau fils, conseiller au
Parlement. Voulant trouver une dupe pour la défrayer, il a profité du premier mécontentement du
marquis pour avoir l'air de lui en faire le sacrifice.
M. de Duras, comme un imbécile, a mordu à la
grappe et s'est chargé de son entretien. Le Ruhot
est à la joie de son cœur et triomphe du malheur
de Courcy qui écrit lettres sur lettres au marquis
pour le rappeler. Certainement, il perd beaucoup
au change, Courcy est bien plus jolie que Paillon
et ne l'a point trompé du côté du cœur.

(1) Maisonville (Mlle). — *Journal.*
(2) Faillon (Mlle). — *Journal.* — T. I.
(3) M. de Souza de Coutintio, ministre plénipotentiaire du roi de Portugal, rue Hautefeuille.

M. le duc de Duras fait de son mieux pour dissiper Mme de la Popelinière (1), qui demeure rue
Montmartre, près celle Feydeau. Il va journellement lui faire sa cour, et le sieur Du Bary et le
gros Favier, ses complaisants, ne manquent pas
aussi de s'y trouver. Enfin, il paraît décidé que
c'est M. le Duc qui possède les bonnes grâces de
cette belle veuve.

La demoiselle Arnoult, de l'Opéra, commence
à s'encanailler. Le petit Simson suit exactement
toutes ses démarches et il paraît qu'elle en est
flattée. La demoiselle Lafond, qui en a été instruite, a répudié Simson par une lettre d'horreurs
et se livre tout entière au chevalier Elchin qui, de
son côté, a la complaisance de coucher alternativement avec elle et avec la demoiselle Le Clair ; il
est vrai qu'il les paie bien. Comment démêler cette
fusée ? Les uns disent que la Le Clair souffre cela
parce qu'elle est amoureuse, et, de fait, depuis
quelques jours, pour lui complaire, elle ne met
plus de rouge ; les autres prétendent que ce n'est
simplement que pour éviter le ridicule d'être délaissée après lui avoir fait le sacrifice de M. le
comte de Bintheim et que si ce dernier voulait revenir à elle, l'Anglais ne tarderait pas à être éconduit. Quoi qu'il en soit, le chevalier Elchin marche
grand train vers sa ruine ; cela est fâcheux, car
c'est un cavalier fort aimable.

(1) Popelinière (Mme de la). — Mlle Mondran, de Toulouse, alors veuve depuis 1762. Cf. Barbier. — *Journal*.
— D'Argenson, *Mémoires*, etc., etc.

M. Damer, Anglais, a fait le 16 de ce mois une passade avec la demoiselle Desforges des Italiens, qu'il a payée 25 louis ; le 17, cette demoiselle en a fait une autre avec M. Roulié d'Orfeuil qui lui a valu 15 louis. Mais tout cela n'empêche pas que cette demoiselle ne tombe dans un discrédit total ; le sieur Grenier, danseur, auquel elle est attachée, lui porte un préjudice réel.

1765, 26 avril.

M. le marquis de Duras a quitté la demoiselle Paillon, maîtresse du sieur Ruhot, son Esculape, qui lui a bien coûté une trentaine de louis, et il s'est rapatrié avec la petite Courcy, dite Sainte-Foy, son ancienne favorite. C'est sans contredit ce qu'il peut faire de mieux, car cette fille l'aime sûrement. Il est vrai qu'elle le tracasse un peu, mais on prétend qu'il lui faut cela pour la conserver, et depuis qu'elle vit avec lui, elle ne lui a pas manqué du côté des hommes.

M. le comte de Bintheim a toujours la demoiselle Dorothée, qui en use très bien avec lui. Aussi il s'en loue beaucoup du côté des procédés ; mais elle a le malheur, quoique bien plus aimable que la demoiselle Le Clair, de ne pas posséder comme elle entièrement son cœur, car il voltige auprès de toutes les belles. Il a eu une fantaisie pour la demoiselle Crémille qu'il a payée 50 louis ; une autre pour la demoiselle La Forest, qui a été aussi certainement bien payée, et la demoiselle Fleury, cette semaine, a aussi ressenti ses faveurs. Dorothée sait tout cela, mais elle n'en dit mot, et après la misère qu'elle a éprouvée, elle trouve que 50 louis par mois méritent des considérations.

La demoiselle Beauvoisin en fait accroire tant qu'elle peut à M. Douet de la Boullay qui l'accable de bienfaits. Le sieur de Pienne est toujours le guerluchon en faveur, et M. le comte de Sades est chargé des frais de toilette et de spectacles, ce qui va bien à 20 louis par mois.

M. Damer, Anglais, est un des étrangers, à Paris, qui fait pour le présent plus de dépense avec les femmes sans avoir l'air de les entretenir. Il donne l'argent à pleine main à la demoiselle Desforgés des Italiens qu'il voit plus fréquemment qu'une autre, mais cette fille est un panier percé, elle n'en est pas plus riche. M. Roulié d'Orfeuil lui a donné aussi cette semaine 25 louis pour une passade ; elle est toujours aux expédients : le sieur Grenier, danseur, lui mange tout.

La demoiselle Lafond, des Italiens, malgré ses arrangements secrets avec le chevalier Elchin, a tiré mardi dernier de M. Damer 50 louis, et la Brissault est chargée de sa part d'en offrir autant à la demoiselle Beaupré, des Italiens. Jusqu'à ce jour, elle a refusé la proposition, parce qu'elle craint que ce ne soit un piège que lui tend M. Sti-

venson, autre Anglais, qui l'entretient assez richement.

M. le vicomte de Sabran (1) s'ennuie beaucoup
de n'avoir pas de maîtresse en titre : il fait la roue
continuellement auprès de toutes nos petites maîtresses, et lundi dernier, il offrit tous ses services
à la demoiselle Collette, des Italiens, et à la demoiselle Desforges, mais cela ne prend pas ; il passe
pour n'avoir pas le sol, et il faut des espèces à nos
belles.

M. de Lignerac qui entendit les propositions
qu'il fit à Collette, lui tint quelques propos, mais
cela n'a pas été plus loin.

Le 23, M. de Villemur (2), M. Curis (3), M. Mont-
dorge (4), M. de la Reynière (5) et M. le marquis
de Jumilhac (6) ont soupé chez Brissault avec les
demoiselles Grécourt et Beaulieu. M. Jumilhac dit
encore que ce souper serait su à la Police, mais
M. de Curis le démentit en disant qu'il en avait
parlé au ministre et qu'il n'avait pas été informé
de ceux qu'ils avaient faits ci-devant.

(1) Sabran (Vicomte de). — *Journal.* — T. I.
(2) Villemur (de). — *Journal.* — T. I.
(3) Curis. — *Journal.* — T. I.
(4) Mondorge. — *Journal.* — T. I.
(5) Reynière (Grimod de la), fermier général, rue
Vivienne. — Caraman. *Fermiers généraux.*
(6) Jumilhac (de). — *Journal.* — T. I.

1765, 3 mai.

La demoiselle Rome, danseuse à l'Opéra, est entretenue depuis huit jours par M. d'Hauteville fils, qui était ci-devant régisseur général des fourrages à l'armée. Il lui a donné 25.000 livres de diamants, un carrosse attelé de quatre chevaux, dont il doit fournir l'entretien et ses honoraires par mois sont fort considérables. Cette demoiselle est grande, bien faite et d'une très jolie figure ; on la dit fille d'un épicier de Paris ; elle a sa mère avec elle.

La demoiselle Laforest n'est plus guerluchonnée par le chevalier de la Tour, mais elle conserve toujours avec lui des procédés honnêtes, parce qu'elle le craint. Effectivement, il menace sans cesse de faire main basse sur ceux ou celles qui ont l'air de le regarder de travers ; enfin il s'est rendu redoutable dans tout le peuple galant. C'est M. de Croville, mousquetaire noir, qui l'a remplacé auprès de cette demoiselle qui n'a dans ce moment-ci personne qui l'entretienne ; cependant elle paraît toujours avec éclat. Hier matin, elle m'envoyait demander mon avis sur une lettre anonyme qu'elle avait reçue par laquelle on lui marquait de ne point aller à six chevaux à la revue du roi, comme elle l'avait projeté, que cela lui donnerait un ridicule, et que certainement la Police sévirait contre elle. Je lui fis réponse que, si elle m'en croyait, elle irait modestement, et tout au plus, à quatre chevaux ; qu'il n'était point d'usage de voir marcher à six chevaux nos femmes de spectacle, ou autres entretenues, et que, du règne de M. Bertin à la Police, il m'avait donné ordre d'arrêter feue Mme Deschamps qui avait projeté de paraître à Longchamp avec six chevaux, richement harnachés ; que cette femme, en ayant eu avis, s'était contentée d'y aller à deux chevaux. La demoiselle Laforest a profité de cet avis.

La demoiselle Fleury, ci-devant entretenue par le duc de Grammont, est présentement réduite aux appointements du sieur Toquiny, faisant la banque, qui lui donne 20 louis par mois. Le petit Simson, depuis sa brouille avec la demoiselle Lafond, la guerluchonne.

La demoiselle Marquise la Marseillaise, malgré son ancienneté trouve toujours à vivre sur le revenu d'autrui. C'est le sieur Nadille, banquier, qui la défraie et le chevalier de Saint-Cric (1), officier aux gardes françaises, la guerluchonne en attendant qu'il réussisse auprès de la demoiselle Le Clair qu'il cultive avec soin, ainsi que le chevalier Elchin qui commence à le regarder comme son ami.

La demoiselle Crémille fait toutes sortes de courbettes pour se raccommoder avec M. de Montier, qu'elle a si indignement trompé, mais il n'en veut plus entendre parler, et reste attaché à la demoi-

(1) Saint-Cric (de) — *Journal.*

selle Lusignan (1) qu'il vient de commencer de mettre dans ses meubles.

1765, 10 mai.

La demoiselle Marie-Anne Chevillon (2), âgée de 20 ans, native de Brie-Comte-Robert, orpheline de père et de mère, son père en son vivant, pauvre laboureur, est mince de taille, d'une grandeur ordinaire, la peau assez blanche, d'une assez jolie figure, ne manquant pas d'esprit, et le parler très gracieux, est à Paris depuis l'année 1759. A circulé chez différentes femmes du monde et a été retirée de chez la Varenne en 1760 par M. de Saint-Vincent, capitaine de vaisseau, qui la mit dans ses meubles rue Saint-Honoré. Au bout de deux mois, il la laissa, étant obligé de partir. Il fut succédé par M. le comte de Virtemberg, pour un mois seulement, ensuite par M. Chateau, secrétaire à l'intendance de cette ville qui la quitta parce qu'elle guerluchonnait avec un nommé Pochard, friseur de femmes. Il fut remplacé par le sieur Magnan, riche Canadien, qui l'abandonna aussi, s'étant aperçu que le sieur Grondard, employé dans les maisons de plaisance du Roi, avait remplacé le Pochard. Elle se lia ensuite avec le chevalier de Mérac, Capitaine de vaisseau de la Compagnie des Indes, et se faisait guerluchonner par le nommé Ca-

(1) Lusignan (Mlle). — *Journal.*
(2) Chevillon (Mlle) — Voir T. I. pp. 107, 108, 109.

briolet, valet de chambre du Prince de Belozinski, Russien, fort mauvais sujet et qui la rendit telle, ce qui fut cause qu'en 1762 elle fut mise à l'hôpital comme tapageuse. Elle y resta quelques mois et vécut encore à la sortie avec Cabriolet, comme mariée. Enfin, ils se sont séparés, et depuis environ un mois elle est entretenue par M. le marquis de Langeron (1), lieutenant général des armées du Roi, ci-devant gouverneur à Wesel qui lui donne 400 livres par mois. Ce seigneur est obligé aujourd'hui de prendre sur lui-même la dépense de ses plaisirs qu'il faisait bien payer au roi à Wesel sur la dépense de la correspondance, car je lui ai connu dans ce pays plusieurs femelles auxquelles il payait 15 et 20 louis par mois, qu'il me donnait comme lui étant très nécessaires et qui ne lui servaient qu'à évertuer son tempérament, malgré qu'il affectait d'être très rigoriste sur cet article et d'avoir toujours des coliques qui souvent n'étaient excitées que par la Panacée qu'il prenait. La demoiselle Chevillon demeure rue des Boucheries Saint-Honoré.

Le comte de Bintheim a répudié la demoiselle Dorothée, sans en avoir aucun sujet, si ce n'est son peu d'inclination pour elle ; cependant, c'est une belle fille et il a repris la demoiselle Bienvenüe dite Coligny, fille d'un libraire, qu'il entrete-

(1) Langeron. — C'est le fameux Langeron qui, devenu général au service de la Russie, prit Montmartre.

naît avant la demoiselle Le Clair. Hier, elle étalait ses grâces dans sa loge à la Comédie italienne. Cette fille est assez jolie, mais commence à être un peu usée ; il est vrai qu'on la dit fort complaisante, c'est ce qu'il faut au comte de Bientheim, qu'il faut fouetter pour en tirer parti. Cette cérémonie devient furieusement à la mode, et c'est prodigieux combien on use de balais dans les maisons publiques.

Soupers.

Le 7 de ce mois, M. de Sainte-Foy, M. Brissard, M. Isnard, M. Curis et M. de Villemur ont soupé chez Brissault avec les demoiselles Saint-Yon, Grécourt et Farine.

Le 9, les demoiselles Grécourt et Rozette sont allées à Versailles pour amuser M. le prince de Guéméné (1), M. de Chabot (2) et M. de Chimay (3). On ignore quand elles reviendront.

1765, 17 mai.

M. le chevalier Elchin éprouve aujourd'hui le désagrément d'être brouillé avec la demoiselle Le

(1) Guéméné (Prince de). — T. I.
(2) Chabot. — *Journal.* — T. I, 56.
(3) Chimay (prince de). — T. I. 164

Clair sans avoir droit de s'en plaindre, car il est en
quelque façon dans son tort. Voici le fait. La demoiselle Le Clair, depuis longtemps, entendait
murmurer à ses oreilles que le chevalier revoyait
la demoiselle Lafond qu'il avait connue avant elle,
mais elle n'en avait pas de preuves positives. Elle
a voulu s'en éclaircir. Après avoir prétexté une
incommodité qui naturellement devait la priver
d'aller à la Comédie Italienne, elle pria le chevalier de la laisser tranquille et d'aller à ses affaires.
Il profita promptement de la permission et se
rendit au foyer des Italiens, faire sa cour à la Lafond. La Le Clair, de son côté, ne le sut pas plutôt
sorti, qu'elle passa une petite robe et fut aux Italiens, aux troisièmes. A la fin du spectacle, elle se
plaça en sentinelle sur la route que la Lafond doit
tenir pour s'en retourner chez elle. Elle n'y fut pas
plutôt qu'elle aperçut le chevalier qui donnait le
bras à sa rivale. Elle les suivit jusqu'à ce qu'ils
fussent prêts d'entrer chez elle, et sentant alors la
colère la surmonter, elle tomba sur le chevalier,
lui donnant nombre de soufflets et coups de pied,
et lui signifiant de ne plus remettre les pieds chez
elle. Le chevalier, pour l'apaiser, abandonna la
Lafond et courut après elle, mais il n'y eut rien à
faire et, pour satisfaire sa vengeance, dès le même
soir, elle coucha avec le sieur de Pienne qu'elle
sait être détesté souverainement du chevalier, et
depuis samedi dernier que cette scène est arrivée,
elle continue et n'a voulu entendre aucune proposition de raccommodement. Le chevalier est au
désespoir et intéresse tout le monde pour faire sa

paix qui certainement se fera, mais on lui fera payer cher. Tout ce que je crains, c'est qu'il n'arrive une affaire entre lui et de Pienne, car le chevalier m'a dit à moi-même qu'il avait bien de la peine à digérer l'empressement de son rival à lui succéder, et qu'il conservait pour lui une haine vraiment anglaise. Je lui ai fort conseillé de n'en point venir à des extrémités et que la conduite de la Le Clair devait lui prouver qu'il y avait, chez elle, pour lui, plus d'intérêt que de véritable amour. Il m'a promis de faire l'impossible pour se contenir.

La dame Le Vasseur, couturière, demeurant rue Mauconseil, a une fille âgée de 16 ans, très jolie au rapport de la Jourdan à qui la mère l'a présentée pour lui trouver un entreteneur. Cette femme lui a procuré M. le Bailly de Fleury qui lui donne 300 livres par mois et qu'elle ne gardera que jusqu'à une meilleure occasion. Il ne va pas chez elle, mais il la fait venir dans un petit appartement garni qu'il a loué à cet effet, rue Neuve-des-Petits Champs, chez un rôtisseur.

La demoiselle Lefèvre, dite Maisonville, demeurante rue Neuve-Saint-Eustache, est entretenue depuis quelques jours par un nommé M. Esbeck, Allemand, logé à l'hôtel d'Anjou, rue Dauphine. Il lui donne 30 louis par mois et lui a fait présent de huit robes tant de gros de Tours que de taffetas. Cette demoiselle Maisonville est très aimable ; elle est sœur de la demoiselle Courcy qui appartient

au marquis de Duras. Elle a aussi une troisième
sœur plus jeune qui est très jolie. Elles sont filles
d'un garçon de billard et la mère est revendeuse.

1765, 24 mai.

La demoiselle Le Clair se trouve enfin être à
louer. M. le chevalier Elchin, après avoir reconnu
toutes ses perfidies l'a abandonnée et s'est décidé
en faveur de la demoiselle Collette, actrice aux
Italiens. Il traite cette intrigue en grande passion
et paraît désespéré de n'avoir pas plus tôt rendu
hommage à ses charmes. Cette aubaine vient fort
bien à Collette, car, pour le moment, elle se trouve
pressée de plusieurs créanciers que le chevalier
certainement apaisera. Il attend encore trois ou
quatre mille louis d'Angleterre dont il verra
promptement la fin avec elle et on peut dire qu'il
jouit de son reste. Le chevalier de Pienne qui est
cause que M. Elchin a quitté la Le Clair, en dit
aujourd'hui des horreurs, parce qu'il prétend
qu'elle l'a exposé imprudemment à se couper la
gorge avec le chevalier Elchin, si il eût été moins
endurant. La demoiselle Le Clair paraît mortifiée
de cette aventure et, réellement, elle aura de la
peine à remplacer M. Elchin. Il y a peu d'hommes
assez fol pour dépenser 100.000 livres pour une
maîtresse en moins d'un an. Je pense même qu'elle
trouvera difficilement 25 louis par mois. Ses infidélités ont trop éclaté, à moins que M. de Bintheim

ne se raccommode avec elle et je n'en jurerais pas.
Au reste, elle a de quoi attendre.

Le chevalier de Raconis (1) s'est chargé depuis
quinze jours de la demoiselle Maranville cadette (2),
qui demeure avec sa sœur aînée, entretenue par
M. Titon de Vilotran (3). Il lui donne 15 louis par
mois et vient de lui faire faire six robes de taffetas.
Cette demoiselle est âgée de 16 ans, grande et bien
formée, sans être absolument jolie. C'est une brune
piquante, qui a un maintien honnête et qui copie
très bien sa sœur.

Le prince de Bournonville depuis son mariage a
eu l'air de quitter la demoiselle La Croix, sa maîtresse, qui, de son côté, fait frime de chercher à le
remplacer ; mais il n'en est rien. Elle a, sous diffé-
rents prétextes, éconduit tous ceux qui se sont présentés, et je suis instruit que le prince la vient voir
secrètement et fournit toujours à sa dépense. Il doit
observer ce mystère encore quelques mois, et ensuite, il reprendra ses premiers errements. On prétend qu'ils s'aiment beaucoup l'un l'autre.

Ci-joint est une lettre de M. le marquis de Romey adressée à la Présidente Brissault. C'est le
nom que tous les paillards lui donnent pour reconnaître la supériorité qu'ils lui accordent sur

(1) Raconis (de). — T. I. 353.
(2) Maranville (Mlle). — *Journal.* — T. I.
(3) Titon de Vilotran. — *Journal.*

toutes ses consœurs. Effectivement, elle en est
digne et il est difficile, dans ce commerce, de
trouver une femme plus déliée et qui y mette plus
de décence. Aussi fait-elle très bien ses affaires.
Cette lettre annonce un tempérament pressé et
sollicite les secours de la Brissault auprès des demoiselles Collette et Beauvoisin ; mais bernique
pour le présent, il n'y a rien à faire pour son san-
sonnet, ces demoiselles sont prises, et M. de Romey
ne paye pas assez cher pour autoriser une passade
en sa faveur. La Présidente a eu quelque peine à
me confier cette lettre, me disant que M. Romey
était votre parent, et qu'elle craignait que vous ne
lui en parliez. Je l'ai rassurée, étant bien aise de
vous faire voir de son style.

Lettre du marquis de Romey, autographe.

J'ay plus que jamais besoin de vous, ma chère
présidente, car je b.... comme un carme et il me
faut du secours, raison qui me fait vous demander
si vous avés eu la bonté de penser à moy pour
Mlles Colet ou Beauvoisin. Je vous prie de me le
mander, ayant envie d'aller à Paris le lendemain
des fêtes. Répondez-moi en adressant votre lettre
sous l'enveloppe adressée à M. Alain, notaire à
Vernouillet, près Triel. J'attends avec impatience
votre réponce et vous embrasse de tout mon cœur.

***

1765, 31 mai.

La demoiselle Beauvoisin, depuis plusieurs mois, a su ménager tout à la fois M. le marquis de Louvois et M. Douet de la Boulaye dont elle a tiré l'impossible. Cette demoiselle sans être absolument chargée de diamants peut passer pour être très bien dans ses affaires. Elle est très élégamment meublée ; elle demeure rue Courteauvilain et il y a peu de femmes qui aient une garde-robe si bien montée et qui soient aussi bien en dentelles. Chez elle, on la trouve toujours mise d'une propreté séduisante, dans les déshabillés les plus galants et personne n'entend mieux qu'elle à faire valoir sa figure. On la regarde aujourd'hui comme une de nos plus jolies femmes ; elle passe même pour être assez fidèle à ses amants. Cependant, ce que j'en dis prouve le contraire et je suis assuré qu'elle ne refuse rien à son tempérament qu'elle a très vif, malgré son petit air réservé, car le marquis de Louvois est parti mercredi dernier pour son régiment, et la même nuit, elle a couché avec le chevalier de la Tour qui est reconnu par toutes ces belles pour un vrai étalon. Ci-devant, à l'insu de ses deux entreteneurs, le sieur de Pienne trouvait des instants très favorables, et ce n'est que son histoire avec la demoiselle Le Clair qui a éclaté, qui les a brouillés, car il est bon d'observer que ces demoiselles exigent de leurs guerluchons beaucoup de fidélité, de travail et de prudence, devant absolument fermer les yeux sur toutes les affaires d'intérêt et au contraire leur devant, à ce sujet, des conseils ; mais aussi un guerluchon qui a toutes ces qualités est toujours sûr d'être bien employé.

M. le prince de Gallitzin, ambassadeur de Russie (1), voit depuis quelque temps la demoiselle Dornay, figurante dans les ballets de l'Opéra. Il a même loué, à cet effet, une petite maison à la Barrière blanche dont je rendrai compte dans le travail que j'en dois fournir ces jours-ci. Cette demoiselle, malgré cette intrigue, est toujours entretenue par le frère de l'ambassadeur de Naples et M. de Fontanieu fils, la voit encore quelquefois.

M. le maréchal, duc de Richelieu, a présentement pour maîtresse une jeune personne, âgée de 18 ans, belle comme un ange, native de Provence, arrivée depuis peu à Paris avec sa mère. Elles ont d'abord logé rue de Vaugirard, et la fille était connue simplement sous le nom de Rozette. Sa mère passe pour sa femme de chambre. Il n'a pas été possible jusqu'à ce jour d'en avoir d'autres détails. Cependant, on assure que le maréchal l'a déjà connue dans son gouvernement. Elle se montre peu ; présentement, la mère et la fille occupent une petite maison à la Barrière Blanche dont on sera informé.

(1) Galitzin. — *Journal.* — T. I. — Prince Dmitri Alexandrovitch Galitsyne, ministre plénipotentiaire de Russie, de 1763 à sept. 1767. (*Instructions données aux ambassadeurs. Russie*).

Soupers.

M. de Rochechouart (1) et M. le vicomte de Roquefort ont soupé chez Brissault avec les demoiselles David et Farine.

Le 26, M. le marquis de Marigny, M. le comte de Jumilhac de la Bastille et M. de Grainville, grand maître des Eaux et Forêts, et M. de la Grange, officier des mousquetaires gris, ont soupé chez Brissault avec les demoiselles Grécourt, Rozette et David.

Le 27, le frère du prince de Chimay a soupé et couché avec la demoiselle Grécourt, rue des Amandiers, à la petite maison de M. de Chabot.

1765, 7 juin.

M. le comte de Rochefort a quitté la demoiselle Huss cadette, et a fait emplette d'une jeune Anglaise très aimable, nommée Mlle de Villefort, qui peut avoir environ 18 ans, grande, bien faite. Il la tient chez lui, faubourg Saint-Honoré, et lui donne abondamment tout ce qui lui est nécessaire. Elle a même déjà quelques diamants assez beaux. Cette jeune personne a été adressée au marquis de Per-

(1) Rochechouart (de). — *Journal.* — T. I.

sennat qui l'a cédée à son ami, comme étant plus
en état de faire de la dépense. Mais comme il a
toute la confiance de M. de Rochefort, on soupçonne qu'il en a abusé un peu pour courtiser la
belle à son insu, qui paraît le traiter bien favora-
blement et cela paraît d'autant plus vraisemblable
que cette jeune fille a l'air bien friande et que
M. de Rochefort commence à avoir l'air bien lassé
en comparaison de M. de Persennat qui est frais
et dispos, et que tout le monde connaît pour un
égrillard.

La demoiselle Le Doux (1) vient de faire une
recrue dont elle tire bon parti, et qui lui est venue
fort à propos, car les créanciers commençaient à
la presser. M. Doganne, ancien mousquetaire, gentilhomme normand fort à son aise, s'est laissé
prendre à ses charmes, encore très séduisante, si
elle n'avait pas toujours eu le malheur d'avoir
l'haleine très forte. Il faut croire que ce défaut lui
vient de l'estomac car elle a les dents très propres.
Mais n'importe : M. Doganne s'en accommode ; il
vient de lui payer 3.000 livres de dettes et lui donne
30 louis par mois, sans compter plusieurs robes
de taffetas qu'il lui a fait présent. Depuis la petite
correction que cette demoiselle a subie à Sainte-
Pélagie, elle est d'une honnêteté sans égale envers
tout le monde, et chacun s'en loue, ce qui a fait
dire à plusieurs personnes que beaucoup de nos
demoiselles auraient grand besoin de faire usage
de votre recette et qu'on y gagnerait beaucoup. La

(1) Ledoux (Mlle). — *Journal.* — T. I.

demoiselle Sonville (1), son amie, couche en joue
le chevalier Doganne, mais leurs arrangements ne
sont pas encore déterminés ; il est vrai qu'il est
plus aimable que son frère, mais en fait d'entreteneurs ces demoiselles ne s'arrêtent pas à la
figure et il a le malheur de n'être pas à beaucoup
près si riche que son frère. Cela gêne un peu Sonville qui a pour le moins aussi bon appétit que
la demoiselle Le Doux. Cependant, on croit que,
pour le moment, elle passera sur ces considérations, le chevalier étant fort en état de faire les
frais de la saison qui n'exige que du taffetas et
des blondes.

La demoiselle Le Clair soupire toujours après
M. le chevalier Elchin que sa dernière action avec
Saint-Sulpice rend fort intéressant à toutes nos
belles, car ce Saint-Sulpice est un mauvais railleur
qui est détesté souverainement ; mais le chevalier
Elchin tient toujours avec Collette. A la vérité,
elle n'est pas jolie et on sait qu'elle n'aime que
M. de Lignerac qui est absent. C'est un grand tort
pour lui que Collette cherche à réparer. Elle a de
l'esprit et elle fera l'impossible pour tirer tout le
parti qu'elle pourra du chevalier dont la générosité
est assez connue, d'autant mieux qu'elle déteste la
Le Clair. Cette demoiselle ne quitte plus la société
de M. Pajot de Villers, et on prétend qu'elle pelotte
avec lui, malgré qu'il soit attaché à la demoiselle
Belmont. C'est bien du pain bis en comparaison

(1) Sonville ou Souville — *Journal.* — T. I.

du chevalier Elchin qui est très certainement un
cavalier très aimable.

1765, 14 juin.

M. le vicomte de Sabran se donne une fort mauvaise réputation parmi nos belles; il les empoi-
sonne toutes à tour de rôle. La demoiselle Fleury,
la Française, pour en avoir voulu tâter ressent les
cuissons les plus fortes. Celle-ci n'est pas fort à
plaindre, elle en a administré bien d'autres; en
outre, elle est entretenue aujourd'hui par le sieur
Toquiny et cet homme est connu pour ne s'attacher à une femme que lorsqu'elle lui a fait présent
d'une couple de galanteries. C'est ainsi que la demoiselle Favier l'a traité, et ensuite il a fait pour
elle des folies. Il est certain que depuis dix-huit
mois Toquiny a pris au moins un picotin de
pilules. Malgré cela, il trouve toujours à se placer; il donne 20 louis par mois; c'est de l'argent
pour le temps présent; nos demoiselles ne sont
pas riches; en outre, comme il est fort laid, il se
rend justice. Il n'est point jaloux et boit de la ti-
sane avec autant de plaisir qu'un autre boirait du
Bourgogne. L'habitude est une seconde nature.
Mais on ne pardonne pas à M. de Sabran d'avoir
gâté la petite La Cour (1), qui est un vrai bijou.
Cette jolie fille est âgée d'environ 17 ans, faite à
peindre, les plus beaux yeux du monde et tous les

(1) Lacour (la petite). — *Journal.* — T. I.

traits du visage réguliers. Un négociant de Bordeaux la retira, il y a un an et demi, du sérail de la Montigny et l'emmena dans son pays, où il l'a assez bien nippée. Un nommé Brion, Américain, l'a enlevée à cet honnête homme et l'a conduite à Paris, sans expérience. Elle s'est laissée éblouir au clinquant du petit Sabran ; l'Américain l'a abandonnée et M. de Sabran lui en a donné au moins pour six semaines. C'est, en vérité, un meurtre. On devrait bien obliger ce petit monsieur à se faire récurer à fond. J'ai vu hier tout le public lui en vouloir de cette action et l'engager à faire soigner cette belle enfant.

M. de Forceville, (1) commissaire des guerres attaché à M. le prince de Soubise, s'est rendu aux charmes de la demoiselle Maranville cadette. C'est une jeune brune piquante, âgée de 16 ans et de la plus grande gaîté. Il lui a donné 30 louis et deux robes de taffetas ; ce ne sont que des cadeaux préliminaires, se réservant, si elle est sage, à son retour de Picardie, où il doit aller ces jours-ci passer trois semaines, de l'arranger comme il faut et de lui donner ses meubles. Ce M. de Forceville est une très bonne acquisition pour une demoiselle ; il est fort à son aise, et on sait tout ce que la demoiselle Dornay de l'Opéra en a tiré. Surtout si une demoiselle fait un enfant qu'il croit de lui, la tête lui tourne.

(1) Forceville (de). — *Journal*. — T. I. — A Lille, sous, Clermont-Tonnerre, en 1765. *Alm. Roy*.

La demoiselle La Forest soutient toujours no-
blesse ; son équipage est fort bien entretenu ; elle
a deux chevaux fort propres. Le chevalier de la
Tour continue de la voir, mais avec beaucoup
plus de mystère, ce qui fait que les étrangers se
rapprochent d'elle, car c'est à eux qu'elle en veut
particulièrement et présentement elle s'occupe à
plumer milord d'Anglesey.

La petite Dufresne, Lyonnaise, a remis dans ses
chaînes le duc de Warwick. Il lui donne exactement 50 louis par mois. Ce seigneur, pendant sa
brouille avec elle, avait voulu se charger de la
prétendue marquise de Raoult (1) gisant aujour-
d'hui au Châtelet. Il lui avait même offert de payer
toutes ses dettes et de lui monter une maison ;
mais elle a refusé tous ces avantages, préférant de
vivre d'escroquerie.

Le sieur Linguet, caissier de la Comédie Italienne, vient de reprendre la demoiselle Glazière,
qui, tout le temps qu'a duré cette brouille, s'en est
bien donné chez Brissault. Il faut croire que cette
caisse fournit de grandes ressources.

1765, 20 juin.

M. le chevalier Elchin s'est raccommodé de
lundi dernier avec la demoiselle Le Clair, et a

(1) Raoult (marquise de). — *Journal*, 308. — T. I.

quitté la demoiselle Collette, avec laquelle il vivait depuis un mois. Cette réconciliation se serait faite plus tôt, car il n'est pas douteux que la Le Clair aime beaucoup le chevalier, qui certainement la paie de réciproque ; mais il craignait toujours le sieur de Pienne, qui est enfin parti pour son régiment, et avec lequel la dite Le Clair lui avait manqué, par dépit de l'infidélité qu'il lui avait faite avec la demoiselle Lafond. En outre, mon dit sieur Elchin était bien aise d'user les 50 louis qu'il avait donnés à Collette pour son premier mois, les grands dons qu'il a faits à la Le Clair l'obligeant présentement de compter avec lui-même et de ne pas dépenser à deux ateliers. Aussi, a-t-il quitté Collette au bout du mois, jour pour jour, pour reprendre la Le Clair, qui paraît aujourd'hui se piquer de sentiment pour lui et se borner au peu qu'il pourra faire pour elle.

M. Pajot de Villers a donné dimanche dernier le congé à la demoiselle Belmont, sa maîtresse. Premièrement, il ne l'aimait pas ; effectivement, elle n'est pas jolie, et dans le cœur, il est toujours attaché à la demoiselle La Croix qui est allée à Caen jouer la comédie. Il n'avait pris la demoiselle Belmont que par l'habitude où il est de vivre avec une femme et qu'elle avait beaucoup de décence. Aujourd'hui, il dit qu'il s'en passera tout à fait ; il a même renvoyé son cuisinier qui était très bon et une partie de sa maison, se réservant de donner à manger à ses amis chez le traiteur. A moins que cela ne lui arrive souvent, il a bien l'air de rester seul, car c'est un homme assez maussade qu'on ne voyait que pour sa table ; mais tout cela ne durera pas, car je suis persuadé que le congé de la Belmont n'a été précipité que parce qu'il se sent échauffé pour la petite Lacour dont il n'a cessé de me parler pendant tout le dernier bal de Saint-Cloud, ce qui m'a fait lui dire que la pauvre Belmont ne tenait plus qu'à un fil, et je ne me suis pas trompé, car, dès le même soir, il lui a cherché une querelle d'Allemand.

M. le marquis de Jaucourt (1) entretient depuis quelque temps, comme il peut, la demoiselle Marie Desribé, dite Duval, fille d'un perruquier du Quesnoy, à Paris depuis huit mois. C'est le sieur La Mollère, chevalier de Saint-Louis, ci-devant gendarme de la Garde et capitaine d'infanterie, qui a eu ses premières faveurs et qui lui a donné des petits meubles dans lesquels elle est encore, rue des Vieux-Augustins, chez un cabaretier à l'enseigne du Jambon. Cette fille est âgée de 18 ans, brune et fort jolie, assez grande et bien faite, n'ayant pas l'âme libertine et se contentant du peu qu'on lui donne. Elle paraît mériter un sort heureux, ce qu'elle ne trouvera pas avec M. de Jaucourt.

M. Deschamps, riche négociant de Rouen, entretient depuis un mois la demoiselle Granrie, dite Dorsan, native de Nantes, fille d'un tailleur.

(1) Jaucourt (marquis de). — T. I.

Comme ses affaires l'appellent à Lyon et à Marseille, et qu'elle est logée rue Montmartre chez la Planche, maison très scandaleuse, il cherche à la placer pendant son absence et de son consentement dans un couvent qui est celui des filles de la Croix, rue d'Orléans, où elle restera environ huit mois, temps auquel il reviendra la prendre et l'emmènera chez lui à Rouen. Cette fille n'est pas jolie, mais elle est grande, bien faite, âgée de 20 ans, très blanche de peau et fort raisonnable.

1765. 28 juin.

M. Davignon, substitut de M. le procureur général du Parlement, entretient depuis six mois une jeune fille âgée de 18 ans, nommée Louison Le Guay, native de Mareuil, près Meaux en Brie. Il la tient dans une petite maison, faubourg Saint-Victor, où il lui donne exactement tout ce qu'elle a de besoin. Ci-devant cette jeune femme avait été placée par feu M. Languet, curé de Saint-Sulpice, en apprentissage chez une couturière nommée Fournier, à laquelle il avait payé 300 livres. Son temps expiré, la demoiselle Le Guay a été travailler chez une autre couturière nommée Deshaye. C'est par le canal de cette dernière que M. Davignon a trouvé le moyen de s'en accommoder. Mais les père et mère de la dite Le Guay, ne sachant ce qu'elle était devenue, se sont adressés à votre tribunal, Monsieur, par une lettre de M. le curé de Mareuil, pour vous supplier d'en ordonner la

recherche. Cette lettre ci-jointe m'a été renvoyée ;
je suis parvenu à découvrir cette jeune fille qui
a été remise à sa mère, laquelle était venue à
Paris pour appuyer sa recherche. Mais M. Davignon, pour se la conserver, a proposé à sa mère
pour la laisser un contrat de rente de 250 livres de
revenu sur la tête de sa fille. Cette femme, qui est
dans la misère, s'est prêtée à la proposition ; cependant, elle a été bien aise d'avoir le consentement
de son mari. En conséquence, M. Davignon lui a
donné une chaise dans laquelle elle a été avec sa
fille, à Mareuil, faire part à son mari des avantages
que M. Davignon leur voulait faire. Le bonhomme
qui est invalide a consenti à tout et sa femme a
ramené sa fille à M. Davignon qui a, dans l'instant,
exécuté ses promesses. Ainsi ce petit ménage vit
présentement en paix. Reste à informer M. le curé
de la complaisance de son paroissien auquel certainement il croyait une conscience plus timorée.

M. le chevalier Elchin a l'air de vivre très bien
avec la demoiselle Le Clair, avec laquelle il s'est
relié depuis douze jours, mais par dessous main,
il fait l'impossible pour avoir la demoiselle Beaupré, actrice aux Italiens. Cette demoiselle m'a fait
voir une lettre par laquelle il lui propose 100 louis
par mois et des cadeaux à sa volonté. Elle a tout
refusé parce qu'elle vit avec M. Stivenson, autre
Anglais, qui, quoique absent pour le présent, vient
de lui envoyer une lettre de change de 3.000 livres
payable sur M. Follet. En outre, elle guerluchonne
avec le sieur Caillot, son camarade au même spec-

tacle, et on dit même qu'ils vont se marier ensemble et qu'ils attendent, pour terminer, des riches cadeaux que M. Stivenson a promis à son retour. Pour moi, je pense que Caillot n'en fera rien et qu'il ne cherche qu'à s'amuser, comme il a déjà fait avec Coraline qu'il a leurrée pendant longtemps de l'espoir du sacrement.

M. Carré Desvarennes, secrétaire du roi, demeurant ordinairement à La Rochelle, présentement à Paris, entretient depuis huit mois la demoiselle Mallet, dite Saint-Séverin (1), nièce de la Pichard, qui a fait, il y a 23 ans, les plaisirs de l'ambassadeur Turc en France. La dite Saint-Séverin, réduite dans la misère, fut obligée, il y a un an, de quitter Paris, pour aller en province chercher une meilleure fortune, et c'est à La Rochelle qu'elle a fait la conquête de M. Desvarennes qui lui a déjà fait 400 livres de rente viagère et qui lui donne au moins 1.000 livres par mois, sans compter tous les bijoux d'or dont elle est ornée. Ils sont logés l'un et l'autre en chambre garnie, rue du Four, à l'hôtel de la Chesnay, et doivent repartir incessamment pour La Rochelle. La demoiselle Saint-Séverin est de petite taille, comme sa tante, mais d'une très jolie figure, âgée de 22 ans. Ci-devant, elle a couru toutes nos maisons publiques.

(1) Saint-Sévrin (Mlle), voir *Journal*, 180 — et sur sa tante, la Péchard, maîtresse de l'ambassadeur de Turquie, feu Mehemed-Effendi.

La demoiselle Le Blanc fait toujours la passion de M. Pasquier fils, conseiller au Parlement, mais comme elle est d'un libertinage et d'une cupidité peu commune, elle le trompe amplement et reçoit journellement les caresses et les bienfaits de M. de la Lande, qu'on dit être trésorier pour la Bretagne. Cette demoiselle, pour avoir ses coudées plus franches se tient toujours à une petite maison qu'elle a à la haute borne, où M. Pasquier ne peut venir la voir que lorsque ses occupations du Palais sont cessées.

Soupers.

Le 14 de ce mois, M. le marquis de Romey, M. de Laustic, chevalier de Saint-Louis, et M. Rozay ont soupé chez Brissault avec les demoiselles Bertrand et Saint-Yon.

Le 16, M. Danger (1), M. Lemaistre et M. Dubois (2) ont soupé au même lieu avec les demoiselles Saint-Yon, Grécourt et Rozette.

Le 17, M. Isnard a donné à souper à sa maison de Neuilly au susnommé avec les demoiselles Maisonville et Farine.

Le 19, M. Croffort et M. Fauske, Anglais, ont soupé chez la demoiselle Saint-Yon avec la demoiselle David.

(1) Dangé. — *Journal.* — T. 1.
(2) Dubois, des bureaux de la guerre. — *Journal*, 285.

Le 22, M. le Procureur du roi a fait venir chez lui, le matin, la demoiselle Bertrand avec laquelle il s'est amusé.

Le 23 et le 24, M. Roulié d'Orfeuil a soupé chez Brissault avec la demoiselle Grécourt.

1765, 26 juillet.

La demoiselle Pélin (1), danseuse à l'Opéra, vient de se débarrasser du sieur Changrant, capitaine de dragons qui la tenait obsédée sans lui faire de bien, lui promettant cependant toujours l'impossible et dont tous les cadeaux se bornaient à quelques robes de taffetas, sans défrayer seulement la dépense de la maison. Elle vient de prendre M. le marquis de Romcy qui lui a donné très positivement 38 louis pour son premier mois, sous la condition expresse de ne point la gêner. Cette demoiselle, sans être jolie, a le don de plaire et passe pour être d'un très bon ceractère.

M. le marquis de Prié, Piémontais, demeurant rue Saint-Louis, au Marais, entretient, depuis près de trois mois, la femme du sieur Vaxer qui a été ci-devant lieutenant dans les grenadiers de France. Cette femme est jeune et très jolie. Son mari se prête volontiers à cette intrigue parce qu'elle lui fournit les moyens d'être bien vêtu et de n'être occupé que de sa toilette, ce qui l'intéresse fort,

(1) Pélin (Mlle). — *Journal.* — T. I.

étant rempli de prétentions. Dernièrement, le mari
et la femme furent dans de grandes alarmes, ayant
appris une passade que le marquis de Prié a faite
avec la demoiselle Chassaigne, qui demeure avec
sa mère rue Saint-Honoré vis-à-vis les Quinze-
Vingts. Il lui a donné 10 louis et lui a offert
50 louis par mois pour l'entretenir, ce qui aurait
réussi, sans les soins que s'est donnés le sieur Vaxer
pour rompre cette intrigue ; mais il aura bien de
la peine, malgré la jolie figure de sa femme, à fixer
M. de Prié. C'est l'homme du monde le plus in-
constant et Brissault a quelquefois sa visite.

M. de Stivenson, Anglais, a fait tenir de Londres
à la demoiselle Beaupré, des Italiens, une paire de
girandolles estimées 12.000 livres, ce qui a ruiné
totalement les prétentions que le chevalier Elchin
avait sur cette demoiselle et qui se trouve par ce
moyen réduit à vivre avec la demoiselle Le Clair,
qui lui a associé le sieur Dupérier qui la guerluchonne cependant avec bien du mystère. La demoiselle Beaupré, de son côté, en attendant le retour
de M. Stivenson, s'amuse à peloter avec Cayot,
son camarade au même spectacle.

M. Pajot de Villers qui, depuis sa rupture avec
la demoiselle Belmont, avait juré de ne plus entretenir de maîtresses, vient de rompre ses serments
en faveur de la demoiselle Dorsan que j'ai donnée
dans mes dernières anecdotes pour être tenue par
M. Deschamps, riche négociant de Rouen. Les
idées du couvent où ce dernier voulait la mettre

pendant les voyages qu'exige son commerce ont alarmé cette demoiselle qui a mieux aimé accepter les offres de M. de Villers, et, effectivement, depuis trois semaines qu'elle vit avec lui, elle a tout lieu de s'en féliciter. Il l'a comblée de cadeaux très riches, savoir : d'une montre garnie de diamants, estimée 2.400 livres, de dentelles de prix et d'une augmentation de garde-robe considérable. Le tout peut faire, pour lui, un objet de 10.000 livres. Cette demoiselle demeure chez lui ; elle est grande, bien faite, âgée de 20 ans, un peu brune de peau, mais de beaux yeux, de belles dents, et un air d'honnêteté, ce qui lui forme un ensemble très aimable.

1765, 2 août.

M. le duc de Grammont, pour un connaisseur, vient de faire une très mauvaise emplette. La demoiselle Crémille, décréditée, même parmi nos plus grand libertins, est celle qui le captive aujourd'hui, car il lui témoigne toutes sortes d'attentions et ne la perd point de vue, soit aux spectacles, aux promenades et au bal à Saint-Cloud. Peut-être aussi en est-il jaloux ; en ce cas il aurait beaucoup à faire, car c'est une vraie Messaline ; gens de tous états l'ont passée en revue, et je crois même qu'il est très dangereux d'en approcher, son teint annonçant une santé très impure, et le virus n'ayant pas coutume de respecter plus la qualité que la roture. Quoi qu'il en soit, le duc ne s'en plaint pas et paye 25 louis par mois les restes de tout Paris, ce qui ne l'empêche pas d'avoir dans sa maison de Clichy la demoiselle Fauconnier l'aînée (1) et d'entretenir des liaisons avec la grande Hébert (2), qui s'en fait néanmoins donner par M. de Blénac, loge à l'hôtel d'Anjou, rue Dauphine, et c'est ce dont aurait bien pu rendre compte le sieur Le Breton, puisque c'est sa belle-fille.

M. de Pressigny, fils de M. de Maisonrouge, depuis la mort de Mlle de Guerville, sa maîtresse, arrivée malheureusement il y a environ deux mois, dans une de ses terres, en conduisant des chevaux attelés à un diable, pour se consoler de cette perte dont il a paru fort peu affecté, vient de prendre la petite Lacour, arrivée de Bordeaux depuis deux mois, et qu'on prétend que M. de Sabran a ulcérée. Mais M. de Pressigny n'y regarde pas de si près ; lui-même a, dit-on, grand besoin de se purger le sang et plus d'une belle en a ressenti des cuissons. C'est ce qui fait qu'il s'est adressé à cette jeune enfant qui est sans expérience et qui s'est laissée éblouir par le clinquant de son équipage. Elle paraît mériter un autre sort, si toutefois il est dû à une jolie figure, car il est difficile d'en trouver une plus agréable. Le sieur de Pressigny la tient chez lui, à sa maison de la Nouvelle-France, et lui fournit succinctement ses petits besoins.

Le sieur Dénuel, marchand de vin, beau-frère de

(1) Fauconnier (Mlle). — *Journal.*
(2) Hebert (Mlle). — *Journal.*

M. Gaudot, ci-devant lieutenant criminel de robe courte, vient d'être étrillé comme il faut par la demoiselle Parmentier, aux charmes de laquelle il s'est laissé prendre. Cette fille, en moins de trois mois, lui a mangé 10.000 livres et, pour coup de grâce, elle lui a soutiré, sous des prétextes précieux, pour 3.000 livres de billets au porteur, payables dans l'espace d'une année ; après quoi, elle lui a donné impitoyablement son congé. M. Dénuel est furieux de cette escroquerie et je ne sais pas s'il ne doit pas venir implorer le secours de votre tribunal, Monsieur, pour tâcher de ravoir ses billets. Cependant, la crainte que cette intrigue transpire aux oreilles de sa femme et n'altère sa réputation dans le commerce, pourra le retenir ; c'est, du moins, ce qu'on lui a conseillé, d'autant mieux qu'il est fort en état de supporter cette perte et que ce qui le conduirait particulièrement dans cette répétition est la rage d'avoir été trompé par cette fille, et d'avoir su qu'elle guerluchonnait journellement avec le sieur Kambert, exempt des Maréchaux de France.

Le sieur Brianseaux, riche armateur de Dunkerque, à qui le roi vient d'accorder le cordon de Saint-Michel, s'est chargé, depuis huit jours, de la demoiselle Dante, à laquelle il donne 25 louis par mois.

1765, 9 août.

Il y a près d'un an que la demoiselle Guiné, femme d'un épicier, rue du Pont-aux-Choux, a quitté son mari pour suivre son penchant pour un nommé M. Gamard, ancien capitaine de cavalerie, retiré du service. Tout le monde alors dit qu'elle avait été enlevée, mais les personnes bien instruites n'en furent point la dupe. Il est certain que cette jeune femme s'ennuyait très fort du comptoir et que, voisine du Boulevard où journellement elle voyait des élégantes, moins jolies qu'elle, briller dans de riches équipages, elle avait formé des projets de coquetterie et d'ambition qui ne lui ont point réussi dans cette première intrigue, car M. Gamard l'a toujours tenue très cachée et lui donnant à peine son nécessaire. Enfin, ennuyée d'une vie si éloignée des idées qu'elle s'était formées, elle n'a cherché qu'à se soustraire à cette contrainte et je ne sais comment elle a fait la connaissance de M. le marquis de Gesvres, qui lui a offert ses services. Je crois, cependant, que c'est le sieur Tissard, ancien officier recruteur, qui lui a donné, car, présentement, je vois cet homme bien avant dans la confiance de l'une et de l'autre. Quoiqu'il en soit, elle s'est échappée d'avec M. Gamard, et s'est jetée dans les bras du marquis de Gesvres qui, pour commencer à la soustraire aux recherches de son mari, l'a fait inscrire à l'Opéra où elle n'a paru qu'une seule fois ; ensuite, il l'a

logée rue et hôtel du Croissant, en chambre garnie,
sous le nom de Fombelle, où il lui fournit tout son
nécessaire, à l'exception cependant de ses meubles
qu'il n'ose lui donner, parce qu'elle est en instance
de séparation avec son mari. Le marquis apporte
tout le mystère possible en allant la voir et serait
très fâché qu'on lui connût cette intrigue ; en outre,
il craint toujours que M. Gamard ne la découvre
et ne l'enlève une seconde fois. Tissard est presque
le seul qui ait la permission de la voir. Cette
femme paraît contente de sa position présente, et
il faut convenir que, malgré la difformité du marquis, il est fait pour être aimé ; il est rempli
d'honnêteté, de douceur, d'attention et de complaisance. Cette dame est âgée de 22 ans, grande, bien
faite et réellement jolie.

M. le comte de Butturlin, Russien (1), est depuis
peu de retour en France, de son ambassade d'Espagne. A son arrivée, il a repris ses anciens errements avec la demoiselle Lafond, attachée aux
Italiens ; mais il n'est pas content de sa conduite ;
souvent elle lui manque de complaisance pour se
livrer à M. de Sabran et à M. de Saint-Cricq, officier aux Gardes, ses guerluchons. Ainsi, cette
intrigue tire à sa fin.

M. le comte de Duras, ci-devant Prince de Bournonville, a repris la demoiselle La Croix des Italiens, et vient la voir tous les matins ; elle ne voit
plus Pitrot qu'avec beaucoup de mystère.

(1) Butturlin ou Buterlin. — *Journal.* — T. I.

M. le marquis de Lignerac qui doit être à la gendarmerie, était à Paris, incognito, il y a cinq jours et il n'y a resté que deux qu'il a passés avec la demoiselle Collette ; c'est le deuxième voyage qu'il fait depuis le mois de mai pour le même sujet. Il ne doit pas en avoir été fort content, car on assure que Collette, la demoiselle Le Clair et le chevalier Elchin boivent force ptisanne et prennent quantité de pilules. C'est le sieur Pibrac qui est leur pourvoyeur ; cependant tout se réduit à une galanterie dont, jusqu'à ce jour, on ignore l'origine. Il faut croire qu'ils n'ont ni les uns ni les autres aucuns reproches à se faire, car ils paraissent tous trois en très bonne intelligence.

M. de Pressigny de Maisonrouge (1) n'a plus la petite La Cour, cette jeune enfant n'a pu tenir à son caractère tracassier ; elle est retournée dans sa chambre garnie, rue Baillette, où elle attend fortune. M. de Pressigny l'a remplacée par la demoiselle Desforges, danseuse aux Italiens, laquelle est enceinte de quatre mois, des faits du sieur Grenier, danseur au même spectacle, son éternel guerluchon. M. de Pressigny lui a payé 20 louis pour son premier mois qu'il n'usera pas certainement. C'est dommage, car c'est trois bons sujets ensemble.

(1) Voir dans Campardon, *Com. Italienne*, le singulier personnage qu'était ce M. de Pressigny de Maisonrouge.

La demoiselle Maranville cadette, connue aujourd'hui sous le nom de Losan, après avoir reçu quelques bienfaits de M. de Forceville, commissaire des guerres, attaché à M. le Prince de Soubise (1), vient de quitter sa sœur, entretenue par M. Titon de Vilotran, conseiller au Parlement, chez laquelle elle demeurait, qui avait pour elle mille bontés et qui ne lui donnait que des principes honnêtes suivant son état, pour suivre M. de Longru, officier aux gardes françaises, jeune homme d'une très jolie figure, mais très bête et très peu chargé d'espèces. Il l'a placée rue du Renard Saint-Sauveur, en chambre garnie, où ils font vie de garçon faisant venir un ordinaire de l'auberge. Cette demoiselle ne tardera pas à se repentir de son équipée, dont elle aura peine à se relever, car la fortune de nos demoiselles dépend de leur maintien et des sociétés qu'elles fréquentent, plutôt que de leurs charmes. Celle-ci est très jolie, âgée de 16 ans, grande et bien faite.

M. Bérard, chef du bureau des recettes, rue de Cléry, avait, chez lui, une demoiselle nommé Janville, âgée de 17 ans, taille de 5 pieds deux pouces, la peau très blanche, blonde de cheveux et très jolie ; il en faisait tout son bonheur, mais il la tenait dans le plus dur esclavage. Cette demoiselle, pour en sortir, a mis tout en usage et s'est prêtée aux fleurettes du sieur Merval qui est en liaison avec plusieurs commis du Bureau du sieur Berard.

(1) Soubise (prince de). — *Journal.* — T. I.

Mais comment faire pour parvenir à ses fins ? Il s'est adressé à la femme Hermand qui a captivé la confiance de la femme Oudar, chargée, en quelque façon, de garder à vue la demoiselle Janville, et sous prétexte d'une promenade innocente où le sieur Merval s'est trouvé comme par hasard, il s'est emparé de sa proie et l'a conduite de suite dans sa petite maison à la Nouvelle France. Quelques pistoles ont apaisé la femme Oudar qui a fait entendre à M. Bérard que, malgré sa prévoyance, la demoiselle Janville lui était échappée, sans savoir avec qui. M. Bérard s'est beaucoup emporté contre elle, mais enfin, il a pris le parti du silence qui est celui qui convient à son état.

1765, 16 août.

M. le comte de Butturlin a quitté absolument la demoiselle Lafond, voyant qu'elle ne voulait pas se défaire du baron de Saint-Cricq, officier aux gardes françaises, qui la guerluchonne ; mais cette demoiselle a trouvé avantageusement à le remplacer par le canal du chevalier Elchin qui lui a procuré milord Forbes, jeune Anglais fort riche, logé rue de Tournon, à l'hôtel de Tréville, qui a débuté avec elle par lui donner une très belle tabatière d'or et cinquante louis. Cet étranger ne parle pas un mot de français ; il doit rester un an à Paris, suivant une lettre que M. son père lui a écrite dernièrement par laquelle il lui marque de ne point presser son retour et qu'il peut tirer sur lui toutes les sommes dont il aura besoin. La demoiselle Lafond espère le mener fort loin, d'autant qu'il en paraît fort amoureux. M. le comte de Butturlin, de son côté, pour faire diversion, voit souvent une jeune fille, nommée Rozette, qui est à la discrétion de Brissault. Voilà deux soupers qu'il fait avec elle cette semaine, et il parle de l'entretenir, mais il lui faut des meubles : cet article devient fort cher.

M. Péan, du Canada, depuis sa sortie de la Bastille, entretient une Allemande nommée Smith, à Paris, depuis la fin de la dernière guerre. Cette fille est grande et bien faite, l'air un peu hommasse ; cependant sans être de la première jeunesse elle peut passer pour jolie femme et paraît avoir eu de l'éducation. C'est le sieur Coutailloux, ci-devant inspecteur de police, qui l'a amenée à Paris et qui l'avait enlevée à ses parents, à Francfort. Souvent elle s'est ressentie du dérangement de son cerveau, car il l'assommait de coups ; enfin, ayant recouvert sa liberté par la détention dudit sieur Courtailloux, M. de Forceville, commissaire des guerres, s'en est chargé et a eu pour elle toutes sortes de bons procédés. Au bout d'un an ils se sont séparés et je crois que c'est M. le comte de Jumilhac, gouverneur de la Bastille, qui avait eu l'occasion de la connaître, qui l'a donnée à M. Péan. Elle loge présentement rue Meslée, au Marais.

M. de Martel a cédé le château du Coq à M. le comte de Brancas qui en a pris possession et

Mme Brissart y vient très souvent passer avec lui quelques heures.

M. le marquis d'Etrehan a pris depuis peu des arrangements secrets avec la demoiselle Barbarou, demeurante rue de Richelieu, entretenue par M. le marquis de Saint-Paul, à l'insu duquel cette intrigue doit se passer. Cette femme a été autrefois connue à l'Opéra sous le nom d'Emilie ; elle est femme d'un menuisier de Marseille nommé Tardieu. Elle est de la plus haute taille, bien faite, très bien de figure, âgée de 27 à 28 ans et a de grandes obligations à M. le comte de Jumilhac.

1765, 23 août.

La demoiselle Coraline (1) depuis quinze jours a congédié le sieur de Vierval, officier attaché à l'Etat-major dans les gardes françaises. Ce jeune homme est bien, d'une jolie figure et est taillé en payeur d'arrérages ; mais c'est tout, son esprit n'a pas pris encore la peine de se faire connaître ; en outre, il lui coûtait gros en habits et les affaires de cette demoiselle sont un peu délabrées. Quoiqu'il en soit, elle l'a remplacé par le petit comte Dolchy qui est sans contredit beaucoup plus agréable et dont la taille et la figure paraissent être exactement tournées pour faire un petit guerluchon fort aimable et je le crois aussi de bien moins de dépense. Il y avait longtemps qu'il postulait cette place. M. le

(1) Coraline (Mlle).— *Journal.* — T. I.

comte de la Marche qui conserve toujours de la bienveillance pour cette demoiselle a dîné hier chez elle et, à sept heures du soir, il a été rue Sainte-Anne où il a passé deux heures.

La demoiselle Laforest a depuis peu captivé M. Puissant, mousquetaire, fils du fermier-général. On dit qu'il lui donne fort gros et cela paraît vraisemblable, car le chevalier de la Tour, pour qui elle conserve toujours toute la tendresse possible, observe beaucoup de mystère dans sa conduite, et ne se montre plus avec elle en public. Il dit même qu'il ne la voit plus ; mais je suis assuré du contraire. Hier cette demoiselle était encore chez lui à onze heures du matin.

M. le chevalier de Marigny (1), mousquetaire, est toujours amoureux fol de la demoiselle Testar (2), et qui plus est jaloux comme un tigre, menaçant de se battre avec tous ceux qui oseraient la regarder avec des yeux de concupiscence. Cependant, il n'a tué encore personne, et, malgré sa jalousie, elle trouve très bien le moyen de le tromper et même avec des gens qui ne passent pas pour être fort spirituels, mais ils ont de l'argent. C'est un métal qui aplanit aujourd'hui bien des difficultés, surtout avec nos belles. La demoiselle Testar en fournit une preuve bien convaincante, car il est certain qu'elle aime beaucoup Marigny et qu'elle ne lui

(1) Marigny. — *Journal.* — T. I.
(2) Testar (Mlle). — *Journal.* — T. I.

ferait pas une incivilité de cœur. Mais elle n'a pu résister à 50 louis que lui a offerts tout crûment milord d'Anglesey à la Comédie Italienne, pour faire une passade avec elle, et le jour a été pris lorsque Marigny serait de garde à l'hôtel, ce qui est arrivé mercredi dernier; et la demoiselle Testar après avoir paru un instant à la Comédie a fait une éclipse avec milord par la porte de la rue française où son équipage l'attendait. Malheureusement pour elle, je l'ai vue sauter lestement dans cette voiture, et hier, j'ai eu la méchanceté de lui en parler. Elle a été de bonne foi et m'a prié, comme Dieu, de n'en rien dire, surtout à Marigny. Je lui ai promis le secret.

Milord Forbes va son train avec la demoiselle Lafond. Il lui a payé cette semaine pour 4.000 livres de dettes. Le baron de Saint-Cricq, officier aux Gardes, est toujours l'amant de cœur, mais il ne se montre plus chez elle.

1765, 30 août.

M. de Gourgues, président au Parlement, continue toujours de fréquenter la demoiselle Baligny, dite Fontaine, demeurante faubourg Saint-Lazare, et il lui fait meubler présentement un salon en damas cramoisi; mercredi dernier on y posait les baguettes dorées. Cet ameublement est très bien suivi, glaces, fauteuils, canapé, rien n'y manque, et on y remarque, entre autres, des bras de cheminée et un feu d'or moulu d'une grande beauté. Au surplus, M. de Gourgues lui donne peu d'argent, cependant, il faut qu'il suffise pour soutenir la maîtresse, une fille de chambre, un laquais et une cuisinière qu'elle a. On m'a dit qu'il n'y menait que deux de ses amis conseillers au Parlement, dont on n'a pu me dire les noms, et qu'ils y venaient même très rarement.

M. le comte de Cossé ne voit plus absolument la demoiselle Pelin de l'Opéra, parce qu'on prétend que cette demoiselle ayant été le trouver à Compiègne, Mme sa mère en a été instruite et lui a monté à son sujet une rude vesperie, pourquoi il l'a quittée, dont la demoiselle Pelin est désespérée, car elle lui a écrit plusieurs lettres, malgré qu'elle soit présentement entretenue par M. le marquis de Romey qui lui donne 30 louis par mois. M. de Cossé dit aujourd'hui qu'il ne sait pas comme il a pu aimer une fille aussi laide et qu'il n'en veut plus entendre parler. Mais il est fort amoureux de la demoiselle Adélaïde (1), figurante à l'Opéra, et, le 24 de ce mois, en allant faire une passade chez la Gourdan avec la demoiselle Famfalle, il a donné carte blanche à cette femme, pour lui brocanter cette affaire, voulant, a-t-il dit, à tel prix que ce soit, en passer sa fantaisie, car cette intrigue ne pourrait être de durée ; il doit partir sous cinq ou six jours pour son régiment. Du temps qu'il fréquentait la demoiselle Théophile que la Hermand lui avait procurée, il avait été introduit

(1) Adélaïde (Mlle). — T. I, 37, 38.

chez cette femme par le marquis de Quinsy, officier au régiment du Roy, et il dit alors à la Hermand qu'il était fort gêné pour découcher, que quand cela lui arrivait, il fallait qu'il gagne à prix d'argent les gens d'écurie de Mme sa mère ; ce que j'ai remarqué afin qu'à son retour du régiment elle puisse prendre ses précautions à ce sujet.

M. le comte de Duras doit être parti cette nuit pour aller joindre le régiment du Roy. Il paraissait hier désolé à la Comédie Italienne de quitter la demoiselle La Croix, sa maîtresse, et je les ai surpris, tous les deux dans les corridors, versant des larmes.

M. le président Daligre (1) entretient la demoiselle Vestris Violenty, la chanteuse. Vestris le danseur guerluchonne la demoiselle Louison Raye. Vestris, son frère, surnommé le cuisinier, parce que c'est lui qui est le maître d'hôtel de la demoiselle Vestris (2), sa sœur, la danseuse, qui a toujours M. Brissard, M. de Coubron (3) et M. de

(1) Aligre (d'). — Etienne-François, rue d'Anjou, faubourg Saint-Honoré. — *Journal.*

(2) Vestris (Mlle). — *Journal* ; — T. I. 295, dite Violante. Cf. *Les vestris* par Capon. Paris, *Mercure de France*, 1908.

(3) Coubron (de). — Probablement de la Roche-Courbon, parent de celui qui fut condamné à mort dans l'affaire de Mlle de Moras ; également parent du comte de Blénac, cité plus bas.

Sainte-Foix ; ce cuisinier, dis-je, assouvit le tempérament de la demoiselle Pitrot. Tout cet enchaînement d'intrigue fait craindre à Pitrot, à cause du président Daligre, de grandes protections au Parlement dans le procès qu'il soutient contre sa femme.

La demoiselle Le Doux est mieux que jamais dans ses affaires ; M. Doganne s'épuise pour elle. Le jour de Saint-Louis qu'elle adopte pour sa fête, il lui a fait présent de 3.000 livres d'argenterie, faite chez Balmont.

La demoiselle Hébert se dit enceinte de M. le comte de Blénac, son amant. Ce sera certainement le sieur Le Breton, comme beau-père de cette demoiselle, qui aura l'honneur d'être le parrain de cet enfant.

1765, 6 septembre.

La demoiselle Molar, native d'un village près de Lunéville, en Lorraine, fille de père et mère vignerons, est âgée d'environ 19 ans, de la plus haute taille, très mince mais très bien faite, sans être absolument jolie. Elle a un air revenante et sent son bien. Elle vint à Paris il y a environ trois ans, dans l'intention de servir, et elle a fait différentes maisons sur le pied d'abord de cuisinière et ensuite de femme de chambre. Sa dernière a été avec une Anglaise qui était logée rue de Grenelle Saint-Honoré et qui l'a emmenée avec elle dans les pays étrangers. De retour en France depuis six mois,

elle a quitté l'état de servitude et, pleine de confiance dans ses charmes, elle a été se présenter
chez la Boquinston et chez la Dumas, femmes du
monde qui lui ont fait faire quelques passades,
Chez la première, le hasard lui fit avoir affaire à
M. le chevalier Dasnière, officier aux gardes-françaises, qui demeure rue Beaubourg avec plusieurs
de ses frères. L'air décent de cette fille le captiva ;
il lui proposa de venir demeurer avec lui. Elle
l'accepta et aujourd'hui, c'est-à-dire depuis près
d'un mois, ils demeurent ensemble. M. le chevalier Dasnière l'a nippée proprement et l'a qualifiée
du titre de baronne de Morisuse. Sous cette qualité, il la faufile avec des femmes comme il faut
vis-à-vis desquelles il l'annonce comme une de ses
parentes. Jusqu'à présent, cette demoiselle soutient très bien la gageure, et je crois même qu'elle
s'est persuadé qu'elle est effectivement baronne.
Dernièrement, elle était à la promenade aux Tuileries avec lui et d'autres dames, et comme elle
est d'une taille remarquable, chacun se demandait
qui était cette dame et le public s'y trompa, car
j'entendis quelqu'un qui répondit que c'était une
parente du chevalier Dasnière.

La demoiselle Angélique Beuvier, fille d'un car-
deur de laine de Sedan, est âgée de 17 ans, de
moyenne taille et d'une très jolie figure. Elle a été
débauchée par les officiers du régiment de Condé,
en garnison à Sedan, qui ont eu presque tous
affaire à elle. Il y a un an qu'elle vint à Paris et
débuta chez la Deslongrais où elle resta deux mois,

Ensuite, elle fut chez la Hecquet. Au bout d'un mois, un nommé M. Descolle, étranger, s'en chargea, mais ayant été obligé de partir pour son pays, trois mois après il la reconduisit lui-même chez la Hecquet où elle a fait plusieurs soupers avec M. le comte de Lévy, qu'on dit être Américain, logé à Paris, rue du Mail, à l'hôtel de Portugal, en garni. Enfin, la passion s'en est mêlée ; M. le comte de Lévy l'a retirée le 3 de ce mois de chez la Hecquet et lui a payé auparavant 25 louis pour son trousseau. Ensuite il a conduit cette fille rue des Boucheries-Saint-Honoré, à l'hôtel Dauphin, en garni, et lui a donné un laquais et une femme de chambre. Elle est connue présentement sous le nom de Vaudreuil (1) Elle ne doit rester dans cet hôtel que le temps qu'il lui faudra pour lui faire meubler un appartement.

1765, 27 septembre.

La vie que mène le comte du Barry avec la demoiselle Beauvarnier (2) est infâme. C'est exactement sa vache à lait. Dans l'intention de se procurer des protections et de l'argent, il la loue à tous venants, pourvu toutefois que ce soit gens de qualité ou à argent. Plusieurs fois on l'a vu aller les matins au pavillon de M. le duc de Richelieu (3) et

(1) Vaudreuil (Mlle). — *Journal.*
(2) *Sic* pour Vaubernier.
(3) C'est le pavillon de Hanovre.

souvent aussi, M. le duc de Fronsac va la voir chez du Barry qui alors a la complaisance d'aller à ses affaires. Dernièrement, le petit vicomte de Sabran avait fait un effort de bourse et du Barry lui a cédé tout un jour. Quelle abominable vie !

6 décembre 1765.

La demoiselle Beauvarnier a enfin quitté le Sr du Bary, elle s'est trouvée fatiguée de servir de pierre d'aimant à ses parties de jeu clandestines, et après avoir fait une passade avec M. le Duc de Richelieu qui luy a été payée cinquante louis, elle les a donnés à un tapissier, qui luy a meublé sans bruit un petit appartement rue Montmartre, maison du Sr de la Planche. Ensuite, quand tout a été prest, elle y a fait porter à la sourdine et à l'inseu du Sr Dubary tous ses effets et s'y est retiré. Dubarry n'en a témoigné aucun chagrin, elle commençait à être usée pour son commerce. On dit que le flegme qu'il affiche à ce sujet a piqué très fort l'amour-propre de cette demoiselle. Elle tasche de s'en consoler par les fadeurs du Sr de Lestorières (1) et contente son tempérament avec le Sr Varnier fils (2). Ces deux particuliers luy font une exacte compagnie, mais cela n'enrichit pas la cuisine ; je

(1) Un des plus beaux hommes de Paris, mort le 28 mai 1774, appelé par les filles : « miroir à putain ».
(2) Fils de la dame Varnier donnant à jouer, rue de Richelieu.

ne serois point étonné incessamment de luy voir implorer la protection de la Brissault. C'est sans contredit une jolie femme, c'est dommage qu'elle en soit un peu trop persuadée, elle est continuellement occupée à minauder.

7 février 1766.

La demoiselle Beauvarnier s'est raccommodée avec le Sᵣ Dubary à la charge qu'il supportera non seulement toutes les affaires qui se présenteront pour son interest, mais encore tous ses caprices et qu'il se contentera qu'elle ne découche pas, à moins qu'il ne fût question de sommes considérables, qu'elle serait alors obligée de rapporter à la communauté ; et pour luy prouver son zèle et son intelligence pour le commerce, elle amuse tour à tour M. Brissard (1) et M. de Cramayel (2) ; M. le marquis de Lignerac (3) est en partie pour satisfaire les fantaisies ; mais cette demoiselle va un peu trop vite ; sa santé n'est pas assez vigoureuse pour soutenir un si grand travail ; ses yeux commencent à devenir un peu rouges, et sous peu elle aura l'air bien fatiguée.

(1) Fermier général. — Caraman. *Fermiers généraux.*
(2) Fermier général. — Caraman. *Fermiers généraux.*
(3) Charles-François-Marie-Robert de Lignerac, né le 13 septembre 1737, âgé de 30 ans, frère du lieutenant général, marquis de Lignerac.

INDEX ALPHABÉTIQUE

—

Hommes

A

Aligre (Président d'), 51, 237, 238.
Andleau (baron d') (Andlau), 98.
Andreus (Andrews), 129.
Anglesey (milord d'), 215, 235.
Anhalt (prince d'), 143, 159.
Anseaume, 134.
Argenson d'), 48.
Astimbeck (baron d'), 137.
Augé, 160.
Auger, 85.
Auteroche (abbé d'), 121.
Autichamps (d'), 159.
Ayen (Comte d'), 166.
Ayen (fils du duc d'), 157.

B

Balmont, orfèvre, 238.
Bandolle (marquis de), 60, 61, 63, 118.

Barbanson (chevalier de), 51.
Barbental (de), 44.
Baumois (de), 187.
Beauchamp (milord), 84.
Beauveau (prince de), 109.
Beauvoisin, 158.
Bégon, 51.
Belgarde, 55, 173.
Belozinski (prince de), 201.
Bérard, 230, 231.
Berryer, 92, 121, 170, 189.
Bertier de Sauvigny, 56.
Bertin, lieutenant général de police, 53, 61, 199.
Bertin de Blagny, 91, 133, 155, 192.
Berwick (duc de), 160, 165, 167.
Bintheim (comte de), 33, 45, 55, 112, 120, 155, 156, 161, 162, 163, 166, 194, 195, 201, 202, 205.
Biron (maréchal de), 30.
Blainville, 87.

Femmes

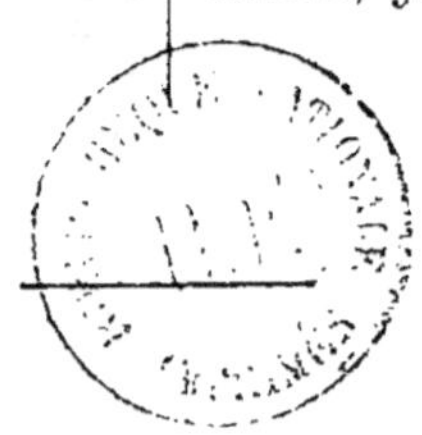

ACHEVÉ D'IMPRIMER

le six mai mil neuf cent huit

PAR

BUSSIÈRE

à Saint-Amand (Cher)

pour le

MERCVRE

DE

FRANCE

MERCVRE DE FRANC[E]

XXVI, RVE DE CONDÉ — PARIS-VIe

Paraît le 1er et le 16 de chaque mois, et forme dans l'année six volum[es]

Littérature, Poésie, Théâtre, Musique, Peinture, Scul[pture]
Philosophie, Histoire, Sociologie, Sciences, Voyages
Bibliophilie, Sciences occultes
Critique, Littératures étrangères, Revue de la Quinzaine

La **Revue de la Quinzaine** s'alimente à l'étranger autant qu'en Franc[e]
elle offre un nombre considérable de documents, et constitue une sorte d'« [en]
cyclopédie au jour le jour » du mouvement universel des idées. Elle se compo[se]
des rubriques suivantes :

Epilogues (actualité) : Remy de Gour-
mont.
Les Poèmes : Pierre Quillard.
Les Romans : Rachilde.
Littérature : Jean de Gourmont.
Littérature dramatique : Georges
Polti.
Littératures antiques : A.-Ferdinand
Hérold.
Histoire : Edmond Barthélemy.
Philosophie : Jules de Gaultier.
Psychologie : Gaston Danville.
Le Mouvement scientifique : Georges
Bohn.
Psychiatrie et Sciences médicales :
Docteur Albert Prieur.
Science sociale : Henri Mazel.
Ethnographie, Folklore : A. Van
Gennep.
Archéologie, Voyages : Charles Merki.
Questions juridiques : José Théry.
Questions militaires et maritimes :
Jean Norel.
Questions coloniales : Carl Siger.
Questions morales et religieuses :
Louis Le Cardonnel.
Ésotérisme et Spiritisme : Jacques
Brieu.
Les Bibliothèques : Gabriel Renaudé.
Les Revues : Charles Henry Hirsch.
Les Journaux : R. de Bury.
Les Théâtres : Maurice Boissard.

Musique : Jean Marnold.
Art moderne : Charles Morice.
Art ancien : Tristan Leclère.
Musées et Collections : Auguste Ma[r-]
guillier.
Chronique du Midi : Paul Souchon.
Chronique de Bruxelles : G. Eekhoud.
Lettres allemandes : Henri Albert.
Lettres anglaises : Henry-D. Davra[y.]
Lettres italiennes : Riciotto Canud[o.]
Lettres espagnoles : Marcel Robin.
Lettres portugaises : Philéas Lebesg[ue.]
Lettres hispano-américaines : Eug[e-]
nio Diaz Romero.
Lettres néo-grecques : Démétri[us]
Asteriotis.
Lettres roumaines : Marcel Montan-
don.
Lettres russes : E. Séménoff.
Lettres polonaises : Michel Mutermilch.
Lettres néerlandaises : H. Messet.
Lettres scandinaves : P.-G. La Che[s-]
nais.
Lettres hongroises : Félix de Geran[do.]
Lettres tchèques : William Ritter.
La France jugée à l'Étranger : Luci[en]
Dubois.
Variétés : X...
La Curiosité : Jacques Daurelle.
Publications récentes : Mercure.
Echos : Mercure.

Les **abonnements** partent du premier des mois de janvier, avr[il]
juillet et octobre.

FRANCE		ÉTRANGER	
Un numéro........	1.25	Un numéro........	1.[50]
Un an.............	25 fr.	Un an.............	30 f[r.]
Six mois.........	14 »	Six mois.........	17
Trois mois.......	8 »	Trois mois.......	10

Poitiers. — Imprimerie du Mercure de France, BLAIS et ROY, 7, rue Victor-Hugo.

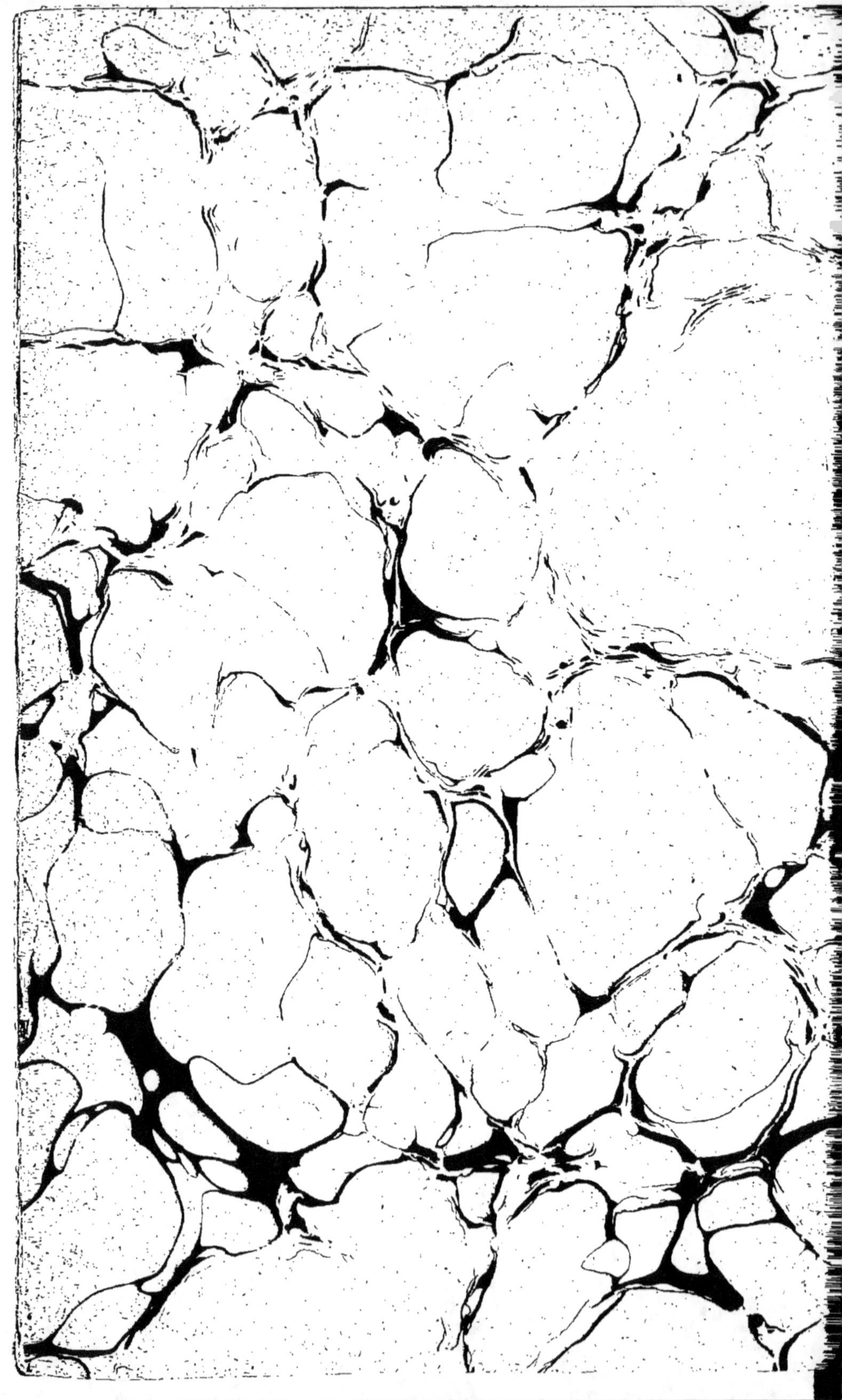

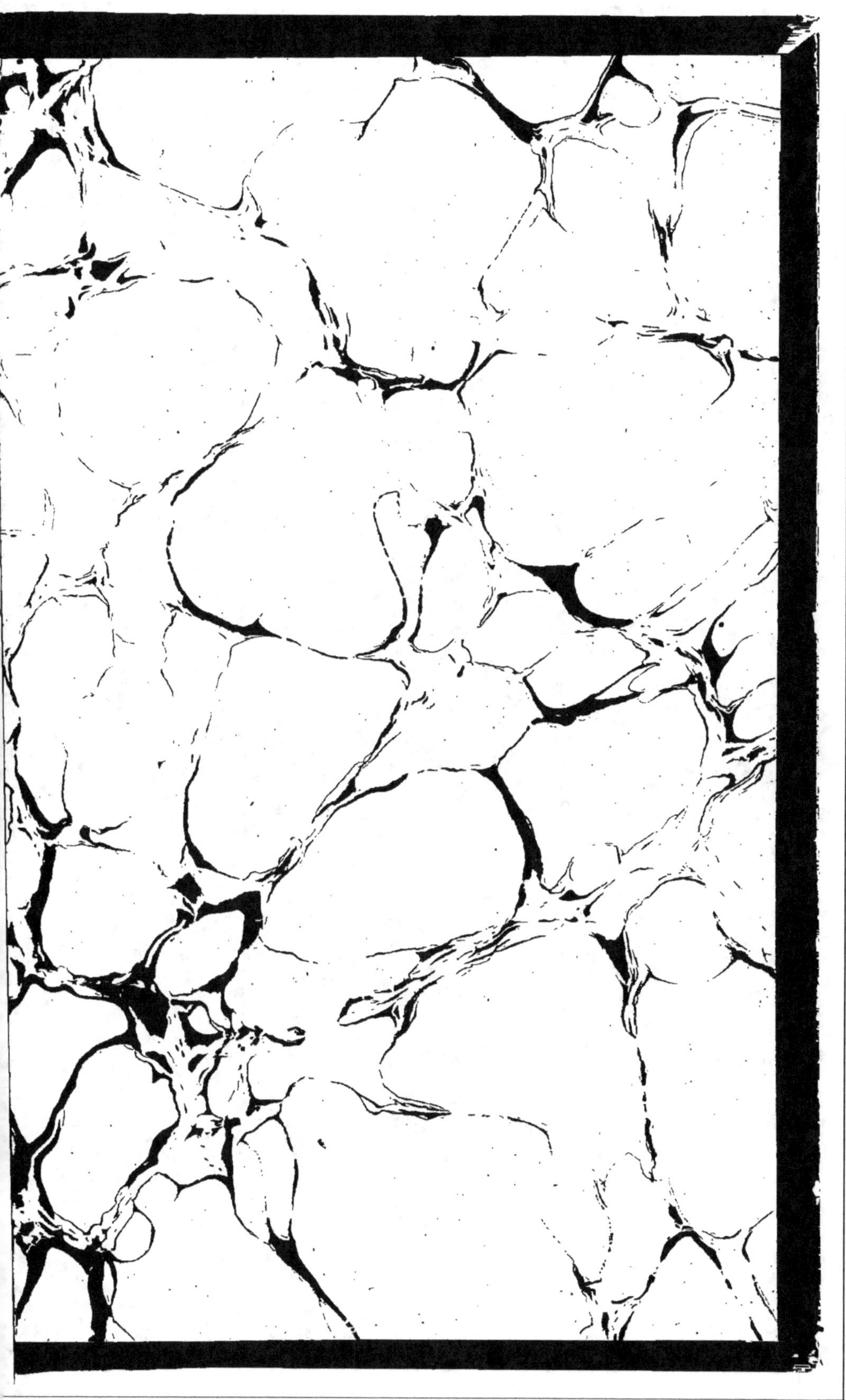